入門

ビジネス&
ファイナンス

Business & Finance

仁科一彦・斉藤都美・大野弘明・谷川寧彦 ── 著
Kazuhiko Nishina　Kuniyoshi Saito　Hiroaki Ohno　Yasuhiko Tanigawa

中央経済社

は じ め に

　本書は，現代企業のビジネス活動と，それと密接に関わるファイナンスについて学ぶための入門書です。現代の企業は，資本主義の経済システムのもとで，生産や販売に従事し，そのために必要な雇用や設備投資などを決定するという経済の基幹部分を担っている重要な存在です。企業によるビジネス活動は多様であり時代とともに変貌していることはよく知られていますが，時代や国を越えて変わらない普遍的な部分があることも確かであり，本書ではそれらを平易に解説します。

　一方，ファイナンスの分析はビジネスをささえる最も重要な柱の1つであるばかりでなく，貯蓄や年金あるいは保険のように社会生活の向上に不可欠な経済行動とも密接に関連しています。さらに金融や財政のように国民経済の主要な機能も検討の対象にする分野です。そこで，近年急速に進歩しているファイナンスについてもわかりやすい説明を提供します。

　現在のわが国の経済を前提にして，ビジネスとファイナンスの原理を学ぶことの価値に対して異議を唱える人はいないでしょう。すなわち，これまでになく厳しい経済環境のなかから，日本の経済と企業が将来の方向を見いだすためには，経済の活動源としての企業行動の原理と，グローバル化が進む金融・資本市場のメカニズムを正しく理解することは必須の条件です。それなくしては信頼できる将来のロードマップを描くのは困難であるといわざるをえません。

　ビジネスやファイナンスの解説書は無数にあるといっても過言ではないでしょう。そのなかで，本書の主眼は，個別企業の成功例を紹介するのでもなく，特定の経営者を賞賛することでもありません。ましてや金融投資の秘訣を説くことでもありません。本書のタイトルにあるとおり，資本主義という世界共通の経済システムのもとで競争し成長していくビジネス活動の原理と，近年急速に拡大して国民生活にも大きな影響を与えている金融・資本市場に関する基本的なテーマについて，経済学とファイナンスの理論をもとにして解説すること

を目的にしています。

　したがって，本書の読者としては，ビジネスとファイナンスを初めて学ぶ大学生はもとより，現代経済を前提にして，ビジネスとファイナンスの基本原理を再確認したいと思うビジネスマンや，同様の姿勢を持つ法律ならびに会計の専門家を想定しています。これに関して強調しておくべきことは，ビジネスとファイナンスの基本原理を学ぶことが，理系や文系を問わず，非常に多くの人々に有益であるという事実です。たとえば，新しい科学技術の評価においてビジネスやファイナンスの原理が広範に応用されていることや，契約や訴訟といった法律的なテーマにおいてもこの原理が急速に取り入れられるようになっているのは周知のとおりです。

　筆者達の執筆動機は，多様で急速に変貌していく資本主義経済を理解するために基礎となるような，ビジネスとファイナンスの原理に関する標準的な入門書を整えることです。この願いが多くの読者において実現することを期待しています。

　このように斬新な入門書の企画から出版までご尽力いただいた中央経済社の酒井隆氏に感謝いたします。

2018年3月

筆者一同

目　　次

はじめに／i

序章 ――――――――――――――――――――――――― 1

0.1 ｜ ビジネスの基本／1
0.2 ｜ ファイナンスの基本／5

第 I 部　ビジネスとファイナンスの基礎

第 1 章　経済学的なものの見方 ―――――――――――――― 15

1.1 ｜ 制約条件下での合理的行動と顕示選好／15
1.2 ｜ 制約条件下での合理的選択とその評価／18
1.3 ｜ 制約条件としての法制度・規制・政策／21

第 2 章　日本の会社 ―――――――――――――――――――― 24

2.1 ｜ 日本の会社の種類と数／24
2.2 ｜ 株式会社・特例有限会社／27
2.3 ｜ 合名会社・合資会社／30
2.4 ｜ 合同会社（日本版 LLC）／31
2.5 ｜ 制度設計者の責任／31

iii

第3章 経済学における企業 ——————————————— 34

3.1 | なぜ企業が存在するか／34

3.2 | 取引費用の経済学／36

3.3 | 企業の境界／37

3.4 | 所有と経営の分離とエージェンシー問題／44

第4章 ファイナンスの基礎的概念 ——————————— 51

4.1 | 金利（利子率）／52

4.2 | 名目利子率と実質利子率／54

4.3 | インフレと実質利子率／56

4.4 | 将来価値と現在価値／60

4.5 | 金利の決まり方／61

第5章 リスクとその対策 ——————————————— 68

5.1 | リスクとリターン／71

5.2 | リスク回避度／75

5.3 | 保険／78

第II部 資産価格の捉え方

第6章 資産価格の形成 ——————————————— 89

6.1 | 貯蓄と投資／89

6.2 | 現物資産と金融資産／91

6.3 | 金融資産のクラス／91

6.4 | 投資プロセス／92

6.5 裁定と均衡の考え方／93

第7章 時間と利子率 —————————— 95

7.1 安全利子率／95

7.2 実質利子率の決定要因／96

7.3 債券市場／96

第8章 リスクの評価 —————————— 101

8.1 リスクの捉え方／101

8.2 市場で観測されるリスクプレミアム／103

8.3 リスクの捉え方と効用／105

8.4 無差別曲線／107

第9章 ポートフォリオセレクション —————————— 110

9.1 資産選択／110

9.2 証券選択の考え方／113

第10章 一般均衡と資産価格 —————————— 123

10.1 CAPM における前提条件／123

10.2 CAPM のインプリケーション／124

第11章 債券市場とリスクプレミアム —————————— 128

11.1 債券保有のリスクとプレミアム／128

11.2 信用リスクとイールド／129

11.3 利子率の期間構造／130

11.4 | イールドカーブの経済学的含意／134

第**12**章　効率的市場仮説 ——————————— 137

12.1 | 消極的投資の合理性／139
12.2 | 効率的市場仮説とデータの関係／140

第**13**章　デリバティブズ ——————————— 143

13.1 | 先物・先渡取引／143
13.2 | スワップ取引／144
13.3 | オプション取引／145

第III部　コーポレート・ファイナンス（企業金融）

第**14**章　投資理論 ——————————————— 151

14.1 | 実物投資の決定理論／151
14.2 | 正味現在価値と NPV 法／158
14.3 | リアルオプション／159

第**15**章　資本構成と資金調達 ————————— 164

15.1 | 資本構成の実際／165
15.2 | 資本構成の理論／168

第**16**章　株主還元政策 ——————————— 179

16.1 | 現金配当と均衡における株式投資収益率／179

16.2 | 配当に関する MM 命題／181

16.3 | 配当と税金／183

16.4 | 日本の現金配当／185

16.5 | 現金配当と情報非対称性／186

16.6 | 自社株買い／188

16.7 | 自社株買いのシグナル効果／191

第**17**章　企業再編 ———————————————————— 193

17.1 | 株式会社の企業再編／193

17.2 | 企業買収・合併の動機／195

17.3 | 株式流通市場（企業支配権市場）の変化：株式所有構造／201

17.4 | 敵対的買収／202

17.5 | 企業支配権の獲得／202

第**18**章　コーポレートガバナンス（企業統治）——————— 209

18.1 | コーポレートガバナンスの体制／209

18.2 | 企業統治とコーポレート・ファイナンス／213

18.3 | 資本市場からの働きかけ／218

18.4 | 企業内組織と内部統制／219

おわりに／225
参考文献／227
索　　引／231

vii

序章

0.1 ビジネスの基本

　私たちの住む経済社会は資本主義経済という仕組みで構成されています。この経済システムは自由主義経済もしくは市場経済とも呼ばれ，現在の世界における標準になっています。このシステムの特徴はいくつかありますが，最も重要な1つが自由なビジネス活動です。自由という意味は，一定のルールのもとで，誰もがさまざまなアイデアや企画をもとにして製品やサービスを生産し，それらを販売することで利益を獲得する途が開かれているということです。そこには強制や差別はありません。ルールには，法律や各種の制度をはじめ，市場メカニズムの機能を損なわないための諸規制があります。

　さて，自由なビジネス活動をスタートして，それを順調に維持していくためには準備しなくてはならない条件がいくつかあります。まず，活動のための場所や設備の獲得からはじまり，協力する人々を募る必要があります。この集合が企業を形成してビジネス活動を進める基礎になります。そのうえで必要な資材や機械を購入して本格的なビジネス活動が開始されますが，これら一連の準備のために不可欠な条件が資金の確保です。場所や設備の獲得から雇用や原材料の購入まで，あらゆる準備に資金が必要だからです。

　ビジネスを開始してからそれを維持していくプロセスを通して常に必要になる資金を資本と呼びますが，その獲得方法は大別して2通りあります。株式市場をはじめとする一般の金融・資本市場において，有価証券を発行することで

資金提供者から直接調達する方法と，銀行をはじめとする金融仲介機関から調達する方法があります。前者を直接金融，後者を間接金融と呼びます。直接と間接の違いは，資金供給者と企業の取引の間に金融仲介機関が介在するか否かの形式上の区別ですが，企業と資金提供者の双方にとっては，単なる資金経路の違い以上の意味があります。これについては後の章で詳細に説明されます。

　企業が行うビジネス活動の大枠をこのように概観したうえで，以下ではビジネスの基本原理を解説していきますが，その前にこれからの説明の前提について明らかにしておくべきことがあります。ビジネスの基本を学んで理解するということは，世界のどの国においても，いかなる時代の企業でも通用するような，普遍的な論理を理解することにほかならないという前提です。すなわち，一部の国の限られた時代のビジネス活動について学ぶのではなく，ましてや特定の産業や企業について知識を得ることでもないということを強調しておきます。

　第1の基本原理は，企業がビジネス活動をする目的についてです。企業行動の目的やビジネスの目標に関する議論には諸説がありますが，ビジネスの目的は企業価値を高めることにあるという概念を理解する必要があります。企業価値が何を意味しているのか，具体的にどのように測り，なぜそれを高くすることがビジネスの目的になるのかについては，第III部の企業金融論で詳しく説明されます。ここでは，ビジネス活動が将来にわたって創り出すと予想される新しい価値を，現在時点で評価したものが企業価値であると考えてください。ビジネス活動は将来に多くの価値（これを付加価値と呼びます）を創り出します。しかもほとんどのビジネスは短期間で終了するのではなく，長期的な活動をともなって展開していきますから，創り出される価値は膨大になると考えられます。それらをまとめて現在の時点で評価をしたのが企業価値にほかならないのです。

　第2は，ビジネスを支える企業の形態を定めることについてです。企業の形態は，ビジネスを遂行するための組織や管理に関する基本的な条件となるもので，コーポレート・ガバナンスをはじめとする種々の問題にも影響を与える重要な要因です。企業の形態に関する議論は，単なる形式的な形態の選択のみではなく，なぜビジネス活動を企業という形態で行うのが望ましいのかという本

質的なテーマから，ビジネスを成功させるためには各種の意思決定をどのような企業形態で進めるのが適切か，等の検討も含みます。ただし以下ではあまり専門的な議論には立ち入らず，現在最も重要な企業形態である株式会社に焦点を絞ります。

　企業形態に関するわが国の法律（会社法）では，企業の構成員がビジネスの成果に関与する条件によって，形態はいくつかの種類に定められています。企業にはそのビジネスに資本を提供している株主や投資家と呼ばれる構成員がいますが，その種類は企業に債務が発生した場合に，債務に対して有限の責任を持つ構成員と，無限の責任を負う構成員に分かれます。ビジネス活動が将来どのような成果をもたらすかは不確実ですから，大きな利益を獲得する場合も思わぬ損失を蒙る場合もあります。有限責任の契約で資本を提供している構成員は，損失や債務に対する責任を，自らがビジネスに投じた資本額を上限として負います。これに対して無限責任の構成員は，投資した資本額にかかわらず，自らが所有するすべての財産を対象にして責任を負う義務があります。

　企業形態は，それら構成員の割合によって，個人企業と，団体企業と総称される合資会社と合名会社ならびに株式会社を含むグループに分類されます。個人企業では個人が資本の全額を提供している所有者であり，ビジネスの結果に関するすべての責任と権限がその個人に属するという無限責任の形態です。株式会社では，有限責任の契約で資本を提供している株主が所有者であり，もし追加的に資本が必要であれば新しく株式を発行して資本を増やすか，負債や他人資本と呼ばれる方法で調達します。資金提供者が負債という契約で企業に資金を提供した場合は，ビジネスの成果に関して責任は負いません。ただし企業が倒産もしくは清算する場合には別の決まりがあります。企業形態に関するこのような分類は，諸外国と共通の制度になっています。

　現在のわが国では，総数では個人企業が最も多くありますが，それに近い数の株式会社が存在しており，企業といえば株式会社を想定してもよい状況にあります。ちなみに株式会社の数は約250万社に達しており，団体企業のうち株式会社が97パーセント程度を占めています。

　ここで，ビジネスを遂行するための形態として株式会社が圧倒的に採用される理由を考えてみましょう。大切な資金を企業に委ねて株主となる投資家に

とって，有限責任の契約が望ましいことはいうまでもありません。また投資した価値は株式の価格のみによって測られ，その株式は常に市場で自由に売買されていますから，公に明らかになっています。市場でいつでも取引できるという流動性は取引参加者にとって重要な利点になります。これらの特性が貯蓄手段として有効なのはいうまでもありません。株式制度が持つこうした優位性は，株式に対する需要を拡大する効果があると考えられます。一方企業にとっても，これらの特性を利用して，広範な株式市場で株式を発行して資本を獲得する途が開かれます。そこでは，たとえ個々の調達は少額であっても，大勢の多様な人々から集めることで大きな額の資本を調達できるようになるからです。

　株式会社という形態の有利性はさらにあります。企業の所有権は株主が保有する株式の数のみによって決められますから，この仕組みによって，少なくとも理論的には企業を永遠の存在にすることが可能です。なぜなら，株式を購入した投資家（株主）が企業の所有者ですから，株式の取引によって株主になる個人や集団の属性はいかようにでも変わり，たとえ消滅する集団があっても，株式が保有されているかぎり企業は存続するからです。それゆえ，長期的な経営の計画が意味を持ち，企業の成長が可能になるのです。

　第3に，生産から販売さらには金融取引にいたるまで，企業が行うすべてのビジネス活動は契約と取引の集合であると考えることが重要です。それらの契約と取引は経営上の意思決定と総称され，上述したビジネスの目的に沿うように，合理的かつ効率的に行われなくてはなりません。その際に最も重要なのが，これらの意思決定は市場メカニズムの論理に従うということです。

　ビジネスの意思決定は関連する経済社会における契約や取引で形成されますから，そこで支配的な市場メカニズムの論理に従わなければならないのは明らかです。企業内の独自の考え方で行われる意思決定もありますが，それとても外部の動向からまったく独立して進めるのは困難です。市場メカニズムが具体的にどのような内容で，いかなる特徴を持つかについては後の章で説明します。

　以上が現代の企業が行うビジネスの基本原理です。実際のビジネスは非常に多様で複雑ですから，これ以上の一般論を展開するのは無用と思われます。また，個別具体的な意思決定の問題を取り上げるのは本書の範囲を外れています。この原理にもとづいて，企業は雇用や資金調達をはじめとして，原材料やエネ

ルギーの購入，そして生産や販売の諸活動を展開します。それぞれの意思決定が企業価値の向上を目的にしていることと，市場メカニズムという厳しい競争環境のもとで実行されることを再確認しておきます。

　経済学の父と呼ばれるアダム・スミス（A. Smith）の言葉を引用すれば，「企業が自らの利益のために賢明に活動することによって，人々の楽しい晩餐が実現する」がビジネスの原点です。そのうえで社会や文化との調和を図りながら，ビジネスを発展させるのが企業の本来の姿であるといえるでしょう。さらに，アメリカ合衆国の初代大統領ジョージ・ワシントン（G. Washington）の予言を引用すれば，「将来は，民主的で自由なビジネス活動が，戦争に代わって，国際関係を動かすことになるだろう」があります。ともに，すでに18世紀にビジネスの本質を把握していた先人達の言葉です。

0.2 ファイナンスの基本

　現在わが国ではファイナンスという言葉がさまざまな場所で非常に多用されています。いわばファイナンスの流行と混乱が生じています。しかし，それらがどのような意図で用いられているか，あるいは適切な意味が与えられているかを検討するのも，ましてや厳密な定義を与えるのも実り多い作業とは思えません。本書では経済学の一環としてのファイナンスだけを対象にして，その基本を学ぶことを目的とします。

　資本主義という経済システムでは，社会に存在するさまざまな資源の所有とその利用を決定するのは市場メカニズムです。経済学では，「資源配分を市場に委ねると最も望ましい配分が決定される，それが資本主義経済の根幹である」とされます。資源には土地や環境をはじめとして，商品やサービス，労働や情報，さらには各種の権利等も含みます。それらをどのようなビジネス活動に供するか，すなわちいかなる企業の所有と利用に任せるかという課題が，金融・資本市場の決定に委ねられているわけです。具体的には，企業が発行した多種の金融資産が市場で取引されてそれぞれの価格が決定されると，それにもとづいて企業に資金が配分されます。企業はその資金を使って各種の資源を獲得し，利用できるようになりますから，金融・資本市場における評価が資源配分のシ

5

グナルになるという仕組みです。ファイナンスはこれら金融資産の価格形成メカニズムを理解することと，その前提となる市場参加者の合理的な行動を探求することを目的にします。

　金融・資本市場で取引される各種の金融資産の価格形成を解明するためには，取引に参加する主体の需要と供給の行動と，市場の構造を理解しなくてはなりません。それらの主体としては，各種の金融資産を購入する，すなわち貯蓄もしくは投資をする，需要者と，金融資産を発行して資金を獲得する供給者があります。前者の代表が家計ならびに各種の金融仲介機関であり，後者の代表は，ビジネスに必要な資金を調達する企業です。

　ファイナンスの研究と学習は，それら2つの主体が追求する合理的な行動を分析することから始まります。家計にとって合理的な貯蓄とは，与えられた収入のもとで，長期的な経済厚生，すなわち生活の満足，を高めるような貯蓄です。将来にわたって得られると予想される収入を前提にして，家計の支出計画を立てたうえで，いかなる考え方に従ってどのような貯蓄行動をとるのが望ましいかを検討します。

　企業にとって資金や財務に関する合理的な行動とは，ビジネス活動を維持するために必要な資金に関する政策を，長期的なビジネスの発展に寄与するように行うことです。そのような資金や財務の政策とはいかなる内容で，どのように実施するかを検討します。たとえば，ビジネスを支える資本は自己資本と負債に大別されますが，その構成をどのように維持するのが適切かという問題をはじめとして，有利な投資機会の判断やそのために必要な資金の適切な調達方法など，重要な意思決定を対象にします。

　そこでファイナンスの分野は，貯蓄主体の行動を分析する貯蓄や投資の理論と，企業の金融行動を対象にする理論で構成されています。前者は一般に投資理論（インベストメント）と呼ばれ，本書の第II部で扱われます。後者は企業金融論（コーポレート・ファイナンス）と呼ばれ，本書の第III部で展開されます。

　ここで注意すべきは，それら2つの分野は密接に関連しているので，一方のみを学ぶのは賢明ではないということです。金融資産の需要者も供給者も同じ金融・資本市場という場所で取引して価格形成に関与するのですから，両者の

行動が互いに影響を与えることはいうまでもありません。また金融・資本市場における価格形成は市場メカニズムに従いますから，一部の投資家だけにみられるような特殊な行動に注目しても，特定の企業のみの財務政策に焦点を当てても，金融資産の価格形成について理解を深めることにはならないと考えられます。

以上のように概観できるファイナンスについて，本書の各章でそれぞれの内容が詳細に説明されます。以下ではそれらの各論を紹介するのではなく，ファイナンスのいずれの分野においても中心的な役割を果たす金融資産について，その機能と特徴を整理しておきます。そのうえで，価格形成に関わる最も重要な要素を，需要と供給の双方の視点から解説することにします。

金融資産には，株式や債券をはじめとして，借り入れや貸し付けの債権債務の証書，為替や売買契約の証書あるいは各種のデリバティブ契約などがあります。これらはビジネスや社会生活の便利さを追求して考案されたもので，資金の貸借や授受を円滑かつ効率的に行えるようにさまざまな工夫と改良が加えられて進歩し，利用されてきたものです。そこで，先に指摘したように経済の資源配分を決めるシグナルの役割を果たすという第1の機能に加えて，金融資産の重要な経済的機能について，2つの内容を追加的にまとめておきます。

第2の機能は，現時点では自分の資金を使う計画がなく，将来に利用する計画がある人々（資金余剰者と呼びます）から，資金を積極的に利用したい人々（資金不足者と呼びます）に，資金を移動する機能です。家計は住宅や教育に必要な金額を即座に手当てできない場合に，金融仲介機関とのローン契約によって，他の家計が貯蓄した資金を利用することが可能です。このとき資金は資金余剰者から不足者に移動し，反対にローンの証書が資金不足者から余剰者に渡されます。この契約を記した証書が債権債務を表す金融資産です。企業が設備投資をはじめとするビジネスの計画を遂行するために必要な資金を調達する場合には，金融機関からの借り入れや社債，あるいは株式という金融資産を発行して調達しますが，資金はそれらの購入者である債権者や株主から企業に移動して，契約の証書である金融資産が企業から債権者や株主に渡ります。

第3の機能は，さまざまな種類の資金を利用して実行される経済活動に付随するリスクを，多くの人々の間で分散して負担することを可能にする機能です。

序　　章

　よく知られているように，資本主義の経済システムでは，いかなる経済活動であっても将来創り出す価値にはリスクを伴います。このリスクは排除することも消滅させることもできませんから，なんらかの方法で対応するか処理しなくてはなりません。資金不足者である企業が調達した資金で行う生産や投資にも必ずリスクが付随しますが，このリスクを資金余剰者間で分散するか，もしくは再配分して負担する必要があります。そのために金融資産の機能が活かされます。たとえば，先端的なビジネスに従事する企業が，積極的な事業の展開のために巨額のプロジェクトを計画しているとしましょう。そのために必要な資金を何種類かの方法で調達することが考えられますが，おそらく単独のあるいはごく少数の資金余剰者から供給を受けるのではなく，多数の人々から多様な方法で調達するのが望ましいと考えられます。なぜならビジネスに関わるリスクが大きければ，少数の資金供給者で負担するのは困難ですから，多数の参加者による小口の負担に分散するのが有利と考えられるからです。また，リスク負担の形態が多様であれば，資金供給者も自らの状況に応じたリスク負担の方法を選択できるので，多くの参加者を得やすいはずです。

　このような機能を持つ金融資産の価格が金融・資本市場で決定されるとき，取引に関わる人々の合理的な行動を前提にするかぎり次の原理が成立します。

> **金融資産の価格は，それに明記されている契約が将来にわたってもたらす価値の和の現在価値である。**

　金融資産を購入する需要者も売却する供給者もこの原理から逃れることはできません。なぜなら，もし市場でこの原理から逸脱するような価格が生じれば，必ず新たな取引が発生して，その価格が市場に長くとどまることはできないからです。たとえば，将来に獲得できる価値が有望であるにもかかわらず現在の価格が不当に安い資産があれば，即座に多くの買い手が登場して価格が上昇するはずです。この原理は「裁定取引の原理」と呼ばれるもので，正常に機能する市場メカニズムによってその成立が保証されているものです。

　ではこの原理の基礎となる「契約が将来にわたってもたらす価値」と「和の現在価値」について市場参加者の合意はどのように形成されるのでしょうか。

序　　章

つまり，何を根拠にして金融資産の契約がもたらす将来の価値を知ることができるのでしょうか，そしてその現在の価値についてはいかなる仕組みで参加者が合意するのでしょうか。

　金融資産には将来の経済活動から発生する価値を受け取るか支払うかの約束が明記されています。価格決定の主体である資産の売り手と買い手の双方の判断は，締結された約束が将来どのような価値をもたらすかについて予想もしくは期待して，それらを根拠にせざるをえないという特徴を持ちます。商品やサービスの価格あるいはそれらの交換の条件を決定する際に予想や期待が中心的な役割を果たすのは，金融資産に限らずビジネス一般について当てはまることです。しかし，資産価格の場合はそれが顕著に表れるといえるでしょう。つまり金融資産がもたらす将来の価値は，市場参加者の予想を反映したものにほかならないのです。

　たとえば，イメージを作りやすいように，金融資産の典型として株式を想定して説明します。株式の購入を考える投資家にとっては，その株式の所有から将来どのような価値を期待できるかが判断の中心です。株式の所有が将来にもたらす価値は，配当と株価の上昇であり，ともに予想する以外に知る術はありません。一方，新規に株式を発行するかもしくはすでに発行している企業にとっては，株式で調達した資本を利用して将来どのような価値を創り出すことができるかが重要です。そして両者ともそれらの価値は予想するほかに知る術はありません。したがって，予想や期待にもとづいて金融資産の売買や取引をする双方にとって，時間をともなう予想ゆえに避けることのできない2つの重要な要素があります。

　第1は，将来価値と時間の関係という要素です。これは予想されるさまざまな将来の価値がいかなる時間の経過をともなって発生するかという問題です。たとえば，非常に近い将来に価値が発生するのか，それとも遠い将来まで待たないと価値を獲得できないのか，あるいは短い時間間隔で頻繁に価値が発生するのか，長いインターバルを伴って発生するのか，等の特徴は株式の価値に大きな影響を与えます。株式の売買に関わるすべての人々にとって，将来に発生する価値の時間的なパターンが重要であることはいうまでもありませんが，それはすべての金融資産についても同様に指摘されることです。ところが将来価

9

値と時間の問題は，予想を必要としない確実な契約の場合にも発生します。たとえば，1年後に確実に1万円を受け取る（支払う）という約束を信用すれば予想は不要ですが，その約束のために支払う（受け取る）金額，つまり約束の現在価値も，やはりなんらかの方法で時間を考慮した評価をしなければなりません。この現在価値が1万円より低くなるのは容易に推察されます。

　この例のように，金融資産の価格形成には時間の要素を正確に反映させる必要があります。そのためには，将来のさまざまな時点に発生する価値を現在の時点で評価する方法が求められます。この問題に対しては，一般に金利を用いて割り引くという作業で合理的に対応できることが知られています。

　将来の価値を，金利を用いて割り引くことによって現在の価値を知るという考えは，経済学やファイナンスの分野のみならず，現代社会で広範に応用されています。たとえば損害賠償の訴訟において，損害によって失われたと考えられる将来の価値を現在時点で評価することで賠償額を導く場合や，不動産や諸権利の売買に際して当事者が納得できる条件を決める場合にも使われます。割引計算によって現在の価値を評価する方法は，現在価値法（Present Value, Discounted Cash Flow）と呼ばれ，後の章で具体的に説明されます。現在では標準的なソフトウェアを用いれば，この手法を簡単に適用できます。

　なお，実際に将来価値の割引計算をする場合には留意すべき点があります。それは割引計算に適用する金利（一般に割引率と呼ばれます）としていかなる数値を用いるのが合理的かという問題です。そもそも金利には短期か長期かをはじめとして数種類があり，その選択も容易ではありません。さらにそれをもとにして案件ごとに想定する割引率については，限りない議論や主張が展開されることが少なくありません。ファイナンス理論には，あらゆる対象について常に適用可能な割引率は存在しません。個別の対象に相応した割引率を推計するか想定しなければなりません。ただし，資産やプロジェクトに関して，その現在価値と将来の価値ならびに割引率という3つの要素の間には一定の関係があり，その関係は市場メカニズムによって成立が保証されることが明らかにされています。これはいわゆる複利計算の関係式であり，それら3要素の関係を定める唯一の合理的な式です。したがって，この論理を念頭において整合性のある割引率の値を求めることが必要です。これについては後の章で詳細に説明

序　章

されます。

　第2は，将来価値とリスクという要素です。これは予想される将来の価値が確実に得られるのか，それとも手に入らない危険性があるのか，あるとすればどの程度の可能性なのか等の特性であり，それらは資産の購入者にとって最も基本的な情報です。逆に金融資産を発行する企業にとっても，調達した資金で実行するビジネスがどの程度の危険性を持つかが，不可欠の情報であることに変わりはありません。そのような不確実性や危険性をリスクと総称します。

　金融資産が将来にもたらす価値が不確実であればあるほど，つまりリスクが大きければ大きいほど，その現在の価値が低くなるのは直感的に理解できます。しかしそのリスクをどのようにして測るのか，たとえ測れたとしてもそれをいかなる論理で現在の価値に反映させることができるのか，は非常に困難な問題です。ファイナンスの理論では金融・資本市場の市場メカニズムを前提にして，いわば市場参加者の合意として成立するリスクの評価を探求してきました。本書ではそれらに関する最近の成果も含めて，わかりやすく解説します。

　リスクの問題はファイナンスが抱える最も中心的なテーマであり，長い期間にわたって多くの研究が積み重ねられてきました。そもそも経済学の体系においてリスクの問題は難問の1つであり，革新的な理論がいくつか提供されてきたにもかかわらず，現在でも統一された一般理論は存在しない状況です。これからも重要なテーマとして多くの努力が注がれると思われます。本書でも，投資理論と企業金融論の説明において先端的な成果が紹介されます。

第 I 部

ビジネスとファイナンスの基礎

第1章
経済学的なものの見方

　本書ではビジネスとファイナンスにまつわる話題を経済学のアプローチを使って理解することを目指します。そのため経済学的なものの見方とはどのようなものか，はじめに検討しておきましょう。

1.1 ｜ 制約条件下での合理的行動と顕示選好

　経済学は人間や企業行動についてある特定のものの見方を設定し，その上に議論を組み立てることで複雑な社会経済現象を統一的に説明・理解することに成功してきた学問です。ものの見方を共有することで，皆が同じ土俵の上で議論することが可能となり，世界共通の学問体系が作られていることが経済学の大きな魅力の1つです。

　経済学は数学や統計を多用することから，しばしば難解に見えますが，根底にあるものの見方は極めて単純です。それは，

　　経済主体は制約条件のもとで自分にとってもっとも良いものを選択している

という見方です[1]。ここで経済主体とは，典型的には消費者，家計，企業などを指し，制約条件とは予算制約や生産技術などを指します。確かに私たちは日々，お給料の制約のもとで欲しいものを買ったり将来のために貯蓄したりしていますし，企業も生産技術や資金制約のもとで利潤が大きくなるよう効率的に生産活動をしています。政府もまた税収や借入れで得た歳入制約のもと，国民全体

15

第Ⅰ部　ビジネスとファイナンスの基礎

の満足度が高まるよう公共事業や社会保障などに歳出を振り分けています[2]。そう考えると，上のようなものの見方に異を唱える人はそう多くないのではないでしょうか。経済学は基本的に，このようなシンプルでごく当たり前の前提の上に議論を構築している学問なのです。上のようなものの見方は，各経済主体は合理的に行動していることを想定しているともいえます。ただこのように，人々が合理的であると経済学が想定することについては，次のような根強い誤解があります。

　「経済学が想定する人間像は，お金が第一の利己的存在で，何でも間違えず合理的に判断できる万能な存在である。しかし現実の人間は寄付やボランティア活動をする温かい心を持ち，しばしば間違いを犯し，万能とは程遠い存在である。現実からかけ離れた誤った人間像に立脚した経済学は役に立たない。」

これに関連して，経済学を幅広い社会経済現象に応用した功績で1992年にノーベル経済学賞を受賞した米国の経済学者 G. ベッカーは，ノーベル賞受賞講演の冒頭で次のように述べています。

　「経済学的分析は，人それぞれが感じるところの厚生（welfare）を最大にするように行動することを想定しているが，彼らが利己的か，利他的か，誠意ある人か，意地悪な人か，自虐的な人かということは問題ではない。」[3]（筆者訳）

つまり経済学では，必ずしも自分のことしか考えない利己的な人間を想定しているわけではなく，より広範に，現実に観察される多様な価値観・行動様式も含めたうえで，自分の満足度（厚生）が大きくなるよう人々は行動していると想定しているだけなのです。またベッカーはこのすぐ後で次のようにも述べています。

　「行動は所得，時間，不完全な記憶，計算能力やその他の限られた資源によって制約を受け，また自分の属する経済その他で利用可能な機会の制約も受けている。」（筆者訳）

第 1 章　経済学的なものの見方

　すなわち経済学では，人間の行動は所得や予算といった金銭的制約だけでなく，時間や能力や機会といった広い意味での制約に直面していることを前提として議論を組み立てているというのです。このように経済学が「経済主体は制約条件の中で自分にとってもっとも良いものを選択している」というものの見方を前提とするとき，そこで想定されているのは現実に観察されるさまざまな状況を許容したうえでの制約条件であり合理性なのです。この意味で，上で述べたような経済学に対するイメージは的外れといえます。

　なお近年話題となっている**行動経済学**を学んだ方々は，人々が合理的であるという前提は多くの実証分析や実験ですでに否定されていると主張するかもしれません。確かに行動経済学は人々がしばしば合理的とはいえない行動をとることを示す多くの証拠を提示してきましたし，ノーベル経済学賞が2002年（D.カーネマンと B. スミス）と2017年（R. セイラー）の 2 度行動経済学者に贈られたことに象徴されるように，行動経済学がすでに確立された分野であることは疑いがありません。この点についてここでは次の 2 つを指摘しておきたいと思います。第 1 に，行動経済学が「発見」してきた一見合理的でない行動も，合理性の枠組みの中で理解することが可能なケースがあります。たとえば喫煙は，現在の満足度を高める一方で，依存してしまい将来の健康を害する恐れがあるという意味で非合理的な行動とみなすことが可能です。しかし先に紹介したベッカーは，いま目の前のタバコをもう 1 本吸うことで得られる満足と，喫煙により生涯負うことになるコストを比較衡量して喫煙するかどうかを判断していると考えれば，喫煙行動もまた合理的な行動として説明できると議論しました。これにはいくつかの反論もありますが，いずれにせよ一見非合理的な現象であっても「合理性」の定義あるいは理論モデルの設定を変えるとこれまでどおり合理性の枠組みで説明できるという点は重要です。第 2 に，行動経済学が指摘する非合理的な行動の中には，全体からするとごく小さな影響にすぎなかったり，影響が長続きしなかったりするケースがあります。たとえばファイナンスの分野では，1 月は株価収益率が高くなりがちとする「1 月効果」や簿価と時価の比率が高い株式ほど株価収益率が高いとする「バリュー株効果」など，アノマリーと呼ばれる現象が観察されます。しかしそれらの中にはそもそも売買手数料を考えればもはや利益が出ない程度のものが含まれますし，ある

程度利益をもたらすとしてもアノマリーの存在が市場参加者に浸透するにつれて影響が薄れていくものもあります。より身近な例でも，鰻重のメニューが松・竹・梅とあるとき，人々は真ん中の竹を選びがちとされますが（フレーミング効果），お店に何度か通ううちに梅が一番お買い得だとわかれば，やはり梅を選ぶようになるでしょう。このように人々が非合理的な行動をとるとしても，それは全体からすればごく一部にみられる現象であったり一時的な現象であったりすることも多いのです。行動経済学は，人間行動にはある種のクセがあることを明らかにしてきましたが，それはそれまでの経済学が前提としてきた合理性の議論を否定するのではなく，むしろ合理性の意味を考え直すきっかけを与えるという意味で，補完するものといえます。

　さて人々が自分にとってもっとも良いものを選択しているとすれば，結果的に人々や企業がとった行動は，誰が何といおうと，その経済主体にとって選択可能なものの中でそれが一番良いからそれを選んだということになります。これは顕示選好と呼ばれます。たとえば町内会長になったＡさんが，「本当は町内会長なんかやりたくなかったんだけど」と言ったとしても，顕示選好の考え方からは，Ａさんにとって町内会長を引き受けることが（選択可能な選択肢の中で）もっとも良い選択だったからそれを選んだとみなされます。発せられる言葉ではなく，行動にこそその人の好みが現れるという考え方は，実証分析でも重視されます。

1.2 │ 制約条件下での合理的選択とその評価

　以上のことを確認したうえで，経済学では基本的に，自分にとって良いものを選択できることは望ましいことであり，制約条件は緩やかであるほど選択肢が増えるため望ましいと考えます[4]。例として自動車を時速何キロで運転するかという意思決定を考えましょう。いま何ら交通ルールが存在せず，車は性能的に時速180kmまで出せるとしましょう。このとき制約条件は時速180kmとなります。この制約のもと，時速何キロで運転すべきでしょうか。あまり遅いスピードでは目的地までの時間がかかり過ぎて満足度は低いでしょう。しかし時速180kmでは事故のリスクが大きく，やはり高い満足度は得られません。最

適なスピードは時速０kmと時速180kmの間のどこかに存在するはずです。

図表１−１はこの状況をグラフで表現したものです。グラフにはAさんとBさんの満足度を表すグラフが描かれています。Aさんはゆっくり運転することを好む人で，時速60kmで走る，すなわち点Aを選択することが最適な意思決定になります。これに対してスピードを出すことが好きなBさんは時速80kmで運転する，すなわち点Bを選択することが最適になっています。このように自分にとって良いもの（スピード）を自由に選択できることで各人の満足度は最大となり，結果的に社会全体（AさんとBさん）の満足度の合計も最大になっています。もちろんここでは事故や渋滞や環境問題など，車の走行に伴う社会的な問題は一切考えていませんが，そうした問題は発展問題として必要に応じて考えましょう。

経済学では基本的に，社会全体の満足度が大きいほどその社会は良い社会で望ましいと考えます。上の例では，Aさんが時速60kmで運転し，Bさんが時速80kmで運転することで満足度が最大になっていますが，これは社会全体にとって良い状態だと考えるのです[5]。こうした価値観は哲学では**功利主義**と呼ばれ，イギリスのJ. ベンサム（1748-1832）やJ.S. ミル（1806-1873）がその代表的な哲学者として挙げられます。ただ経済学が功利主義的な価値観に立脚して議論をすることそれ自体の問題点を指摘する人も少なくありません。たとえばハーバード大学の哲学者であるマイケル・サンデル教授は，身近な例を挙げ

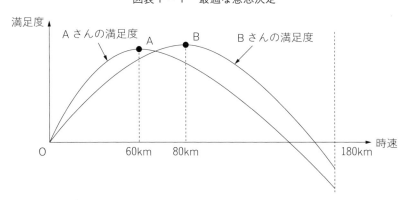

図表１−１　最適な意思決定

第 I 部　ビジネスとファイナンスの基礎

ながら功利主義が常識的に考えておかしな結論を導いてしまうたくさんの例を
わかりやすく説明しています[6]。確かに功利主義が価値判断の基準としてふさ
わしくないケースはありそうですが、そうはいっても物質的豊かさを分析対象
とする経済学の場合、功利主義は完全ではないにせよ最善の価値基準であり、
普段は功利主義的価値観を念頭に置き、必要に応じて価値判断の根本にまで立
ち返る、というのが多くの経済学者の基本的なスタンスのように思われます。

　さて、社会全体の満足度が大きい方が良い社会だと考えると、選択の自由に
関する次のような議論が出てきます。一般に、満足度を最大にする最適な水準
は各人によって異なると考えられます。そしてその最適な水準は、その人にし
かわからないことがほとんどで、しかもそれは常に変化し続けます。自動車の
運転であれば、何キロで運転するのがベストかは各人によって異なり、ベスト
なスピードはその時の運転技術、体調、道路状況その他によって常に変化し続
けます。同様に、何をどれだけ消費するか、何をどれだけ生産するかといった
経済活動の根幹をなす消費者や企業の意思決定もまた、このように各人・各企
業にしかわからない情報をもとに決められているとすれば、社会全体の満足度
を高めるためには、各経済主体が自由に選択できることそれ自体が決定的に重
要だということになります。市場の役割を重視したシカゴ学派の中心的人物の
1 人であった米国の経済学者 M. フリードマン（1912-2006）はまさにこうした
点を強調し、妻との共著で『選択の自由』という著書を残しています[7]。

　ところでゲーム理論を勉強された人は、こうした議論に異議を唱えるかもし
れません。というのはゲーム理論が扱う戦略的な状況、すなわち自分の最適な
行動が相手の行動に依存して決まるような状況では、各人の合理的な意思決定
の結果が必ずしも社会的に最適な状態にならないからです。たとえば上の例で、
他人（B さん）が最適なスピードである時速80km で運転している道路では、自
分（A さん）も流れに乗って時速80km で運転することが合理的な行動というこ
とがあり得ます。このとき A さんの満足度は、相手がいなければ最適なスピー
ドである時速60km で走る場合よりも低下します。A, B ともに合理的にスピー
ドを選んでいるにも関わらず、満足度の合計は最大になっていないのです。

　ただ実際にこうした状況が成立しているかどうかは、慎重に検討する必要が
あります。まずそもそも空いている道路では、各ドライバーは自由にスピード

を選ぶことができるため，他の車のスピードを気にする必要はありません。また比較的混雑した道路でも，車線が複数あれば自分にとって望ましいスピードに近い速度で運転できるでしょう。実際，高速道路などでは走行車線と追い越し車線が設けられ，異なる速度の車が同時に通行できるような工夫がされています。さらに車線が1つで混雑した道路だとしても，速い速度での運転を好まないAさんはこの道路を利用せず，自分のペースで運転できる道路を選ぶという選択肢だってあるはずです。いずれの場合もゲーム理論が想定する状況がそのまま成立するわけではありません。重要なのは，分析対象に応じて適切な分析の枠組みを採用することです。

1.3 制約条件としての法制度・規制・政策

図表1-1のような議論は，政策を議論する際にも有用です。たとえば時速120km超で走行すると罰金が科されるという制度を導入したとしましょう。これは制約条件をきつくすることに他なりません。時速120km超で運転すると，捕まれば罰金が科されるため，時速120kmを超えて運転することの満足度はそこから急激に低下します。図表1-2の実線はこの状況を表したものです。制度の導入によりAさんの意思決定はどのように変化するでしょうか。時速120kmを超えて運転することのメリットは大幅に低下しましたが，そもそもAさんは時速60kmで運転することが最適だったため，この場合は結果的に意思決

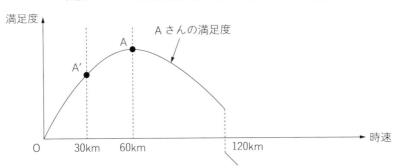

図表1-2 時速120km超に対する罰金をかけた場合

定には影響を与えません。同様にこの規制は，Bさんの意思決定にも影響を与えません。

しかしもし罰金を科される金額が時速30km超だったらどうでしょう。時速30kmを超えると急激に満足度が低下するため，グラフは図表Ⅰ-3のようになります。Aさんにとって60kmで運転することはもはや最適でなくなり，点A′すなわち時速30kmを選択することが望ましいことになります。このときAさんの満足度は，時速制限がない場合よりも低下しています。グラフにはありませんが，Bさんについても同様であり，結果的に全体の満足度は低下してしまうことになります。この例からわかるように，規制などで制約をかける場合は，それが適切でない限り，各人の満足度を低下させ，結果的に全体の満足度を大きく低下させる可能性があります。

なおこのように規制は制約条件とみなすことができますが，時速120km超で罰金のケースのように，経済主体の選択に影響を与えていない制約をバインドしていない制約，時速30km超で罰金のケースのように経済主体の選択に影響を与えている制約をバインドしている制約と表現することがあります。規制を評価する際には，どの規制がバインドしており，どの規制がバインドしていないかを明確にしておくことが重要です。

以上の議論は，ビジネスとファイナンスにまつわるさまざまなテーマを検討する際にも有益です。たとえば法制度や規制は経済学的には制約条件に他なりません。消費者や企業は現行の規制や法制度のもとで，最も良い消費や生産の水準を決定しているのです。規制緩和や法改正は制約条件の変更を意味してお

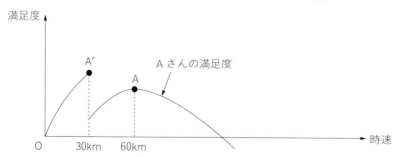

図表Ⅰ-3　時速30km超に対する罰金をかけた場合

り，そのことは当然，消費者や企業の選択に影響を与えます。規制緩和により
コンビニで薬が買えるようになれば消費者の選択肢が広がりますし，株式会社
形態による病院経営が認められれば，病院は株式会社を選択肢の1つとして加
えることができ，結果的に消費者や企業の満足度を高めることにつながる可能
性があります。

　どうでしょうか。このような見方で社会を見ると，一見互いに無関係な社会
経済現象が，「制約条件のもとで最も良いものを選んでいる」という見方でかな
りスッキリと整理されるのではないでしょうか。以下ではこのような経済学的
な見方に立って，ビジネスやファイナンスにまつわる諸問題を検討していきま
しょう。

1　数学的には，条件付き最大化問題を解いていることになります。この点でゲーム理論は異なる数学
　を用いますが，それでも各経済主体が制約の中でもっとも良いものを選んでいることに変わりはあり
　ません。
2　政府については本当に国民全体の満足度を大きくするよう行動しているのか，疑わしく思う人もい
　るかもしれません。それはもっともな感想だと思いますが，少なくとも初歩的な経済学ではそのよう
　に想定します。
3　G.ベッカーによるノーベル賞受賞講演（"The Economic Way of Looking at Life" http://www.
　nobelprize.org/nobel_prizes/economic-sciences/laureates/1992/becker-lecture.pdf）
4　近年の研究には，選択肢が多すぎると逆に満足度が低下すると主張するものがありますが，仮にそ
　うだとしてもそれは特定の状況に限られ，一般的には選択肢が多い方が望ましいはずです。
5　ここまで運転に伴う騒音，渋滞，事故といったマイナス面を考慮せずに議論をしてきましたが，運
　転から得られる満足度から，それらマイナス面を引いた残りの満足度の合計が大きい社会が良い社会
　だと考えるのが，功利主義の考え方です。
6　たとえばマイケル・サンデル『これからの「正義」の話をしよう』ハヤカワ・ノンフィクション文
　庫，2011年を参照。
7　ミルトン＆ローズ・フリードマン『選択の自由』西山千明訳，日本経済新聞社，1980年。

第Ⅰ部　ビジネスとファイナンスの基礎

第2章
日本の会社

　ビジネスを行うには何らかの会社形態を採用せねばなりません。事業を行い，ヒトやモノを所有し，契約を結ぶといった行為は通常，権利義務の主体となることが認められている法人格を持った会社の名のもとに行われるからです。本章ではこのような法的枠組みとしての会社を扱いますが，ここでは会社形態は経営者にとって，法が用意する選択肢の1つだという視点に重点を置いて会社を見ていくことにします。つまり会社法をはじめとする法制度は，株式会社や合名会社といったいくつかの会社形態と，それぞれが満たすべきルールを提示しており，経営者はそうした法が用意した会社形態の中からもっとも使い勝手の良い会社形態を選択しているとみることができます。ここでは取り上げませんが，場合によっては特定非営利活動法人（NPO法人）がビジネスを行う上で最適な選択だということもあるでしょう。「制約条件の中でもっとも良いものを選択している」という見方は会社形態の選択でも成立するのです。では日本ではどのような種類の会社を選ぶことができ，それぞれどのような特徴があるのでしょうか。本章ではこうした観点から企業を眺めていきましょう。

2.1 ｜ 日本の会社の種類と数

　日本では2005年に会社法が制定された結果，現時点で法が用意する会社の法的形態には，株式会社，合名会社，合資会社，合同会社の4種類があります[1]。2006年までは有限会社と呼ばれる会社が存在しましたが，会社法施行時点で特例有限会社となり，会社法上は株式会社として扱われることになりました。ま

24

第 2 章　日本の会社

た外国会社は会社法上の会社とは区別されており，日本の会社と同様の規制を
適用する場合には，会社に外国会社を含むことが明示されることになっていま
す。

　それでは数の上では日本には一体どのくらいの会社があるのでしょうか。図
表 2 − 1 は2015年 2 月時点における現存会社数を示したものです。これによる
と日本には全体で258万社ほどの会社があり，その大部分（95.1％）が**株式会社**
であることがわかります[2]。合名会社・合資会社・合同会社はすべて合わせても

図表 2 − 1　会社の形態別・資本金規模別法人数

	株式会社	合名会社	合資会社	合同会社	その他	計	割合
100万円以下	193,012	2,309	11,741	19,669	13,538	240,269	9.3%
100万円超	35,640	518	2,762	2,537	2,508	43,965	1.7%
200万円超	1,158,487	656	3,496	4,604	10,331	1,177,574	45.6%
500万円超	719,845	416	1,822	1,178	25,319	748,580	29.0%
1,000万円超	145,160	95	355	104	8,369	154,083	6.0%
2,000万円超	140,846	68	328	88	9,619	150,949	5.8%
5,000万円超	45,296	15	44	56	2,074	47,485	1.8%
1 億円超	13,393	2	…	32	1,127	14,554	0.6%
5 億円超	1,687	6	…	5	99	1,797	0.1%
10億円超	2,899	1	1	3	318	3,222	0.1%
50億円超	672			2	86	761	0.0%
100億円超	982	1	…	4	114	1,101	0.0%
計	2,457,919	4,088	20,549	28,282	73,502	2,584,340	100.0%
割合	95.1%	0.2%	0.8%	1.1%	2.8%	100.0%	

注：平成25年度分の法人数。連結法人（連結親法人は1,392社，連結子法人は10,171社）を除く。
出所：国税庁『会社標本調査結果』（平成25年度分）「第11表　法人数の内訳」より作成。
　　　http://www.nta.go.jp/kohyo/tokei/kokuzeicho/kaishahyohon2013/pdf/h25.pdf

25

第 I 部　ビジネスとファイナンスの基礎

全体の 5 ％弱です。日本の会社は，大部分が株式会社なのです[3]。

　次に会社の規模別分布について見てみましょう。中小企業基本法は，図表 2 －
2 のように業種ごとに中小企業者を定義しています[4]。ここで仮に従業員数は
無視し，資本金が 5 千万円以下の企業を中小企業とみなすと，図表 2 － 1 より
全体の97.4％が中小企業ということになります。比較的大きな企業が多い株式
会社に限定した場合でも，資本金が 5 千万円超の企業は2.6％程度（＝64,929／
2,487,919）に過ぎません。数の上では，ほとんどが中小企業なのです。ただし
従業者数で見ると，必ずしもほとんどの従業員が中小企業で仕事をしていると
は言えません。『経済センサス－基礎調査』（平成26年）によると，全体の従業
者4,794万人のうち大企業で仕事をしているのは全体の30％近い1,433万人です。

　このように日本では，中小企業かどうかを判断する指標の 1 つとして資本金
額が使われています。しかし資本金額は，必ずしも会社の事業規模と一致しな
いことに注意すべきです。たとえば家電量販店大手のヨドバシカメラの2015年
度の年間売上高は6,500億円近くありますが，資本金は3,000万円です。また生
活用品を製造・販売しているアイリスオーヤマの2015年のグループ全体の年間
売上高は3,000億円を超えますが，資本金は 1 億円です。近年では芸能プロダク
ション大手の吉本興業が2015年に資本金を125億円から 1 億円に減資したこと
が話題となりました。こうした会社の事業規模と資本金額の乖離の背景にはさ
まざまな理由があると想定されますが，なかでもよく指摘されるのは，資本金

図表 2 － 2　　中小企業の定義

業種	中小企業者の定義（下記のいずれかを満たす）	
	資本金の額又は出資の総額	常時使用する従業員の数
製造業・建設業・運輸業その他の業種	3 億円以下	300人以下
卸売業	1 億円以下	100人以下
サービス業	5,000万円以下	100人以下
小売業	5,000万円以下	50人以下

出所：中小企業基本法第 2 条第 1 項（2016年 2 月現在）と中小企業庁ウェブサイトより作成。

1億円以下の企業は法人税法上，中小企業軽減税率の適用となるため，赤字でも課税される外形標準課税がかからないこと，また貸倒引当金の損金算入や欠損金の繰越控除などが認められるため，大企業と比べて有利な面があることなどです。

　このように事業規模的には大企業であるにも関わらず，資本金を小さく設定することで中小企業のように扱われ，何らかのメリットを享受することには違和感があるかもしれません。実際，2016年に台湾の鴻海精密工業の傘下となったシャープが，経営難に陥っていた2015年に資本金1億円への減資を検討した際にも，当時の経済産業相が「若干企業再生としては違和感がある」と発言するなど批判的な意見が出されました。

　しかし企業はあくまで現行ルールのもとで選択可能な資本金額を設定していることにも留意すべきです。企業は法が用意した選択肢の中から，最適な資本金額や会社規模を選択しているわけであり，そのこと自体に何ら問題はないはずです。もし選択された資本金額が実際の企業規模と乖離し，そのことで何らかの問題が生じるとすれば，改善されるべきは企業の資本金額の選択行動ではなく，大企業と中小企業を区別する基準が資本金に置かれているというルールそのものだと考えるべきでしょう。

　世界に目を向けると，資本金を基準として中小企業と大企業を分ける制度は日本特有であることがわかります。米国では所得水準に応じて法人税が高くなる累進課税が採用され，フランスではグループ企業の売上総額が一定額を下回る企業を中小企業と位置付けて法人税率を低くする制度が採用されるなど，企業活動の実態に見合った分類や課税方法が採用されています。このようなルールのもとでは，資本金額を意図的に小さくして課税面等のメリットを享受するインセンティブは生まれないため，大企業が中小企業として扱われる余地はなくなります。

2.2 ｜ 株式会社・特例有限会社

　さて，日本の会社の95％ほどが株式会社（特例有限会社を含む）であることはすでに見たとおりですが，株式会社はその数のみならず，利用される範囲を

大きく拡大しています。たとえば証券取引所は戦後長らく証券会社を会員とする特別の法人でしたが，2001年に東京証券取引所と大阪証券取引所が，2002年に名古屋証券取引所が株式会社に移行しました。また大手生命保険会社の多くは伝統的に相互会社という独特の会社形態を採用してきましたが，2000年に保険業法が改正されて株式会社への移行が容易になって以降，株式会社への移行が相次ぎました[5]。農業分野でも2009年12月の改正農地法施行以後，株式会社の参入が増加し，介護施設や教育機関といったこれまで株式会社形態は馴染みにくいと考えられてきたビジネスでも株式会社形態を採用する企業が増えつつあります。

　なぜ多くのビジネスで株式会社形態が採用されているのでしょうか。それはもちろん，株式会社には他の会社形態にはない便利な特徴があるからです。ここでは会社形態を選択するにあたって重要と考えられる特徴に絞って簡単に整理しておきましょう。

　株式会社の重要な特徴の1つは，その名が示すとおり株式を発行することで大規模な資金調達が可能になることです。社債もまた重要な資金調達方法ですが，社債には返済期限があるため比較的短期の資金が必要な場合に用いられます。これに対し株式は返済期限がないことから，長期資金が必要な際にとりわけ有利な資金調達方法です。巨額の長期資金を必要とするのはしばしば大企業であることから，株式会社は大規模なビジネスを営む際にとりわけ魅力的な会社形態と言えます。

　なお，このような長期の資金調達が可能になることの背後には，株主の有限責任という重要な特徴があります。これは株主は自ら投資した金額以上の責任を負うことはないというルールですが，このルールにより投資家は安心して株式を購入することができ，株式会社は不特定多数の投資家から多くの資金を集めることができるのです。次に見る合名会社や合資会社の場合，社員は会社の抱えた負債をすべて負わなくてはならず(無限責任)，社員は大きなリスクを抱えながらビジネスを営むことになります。

　しかし株式会社が株式を発行できる会社形態であることは，同時に次のような特徴も生み出します。それは株主と経営者の利害が一致しなくなる可能性です。株式会社の所有者は出資者である株主であり，株主は株主総会などを通じ

て会社の事業運営を支配します。とはいえ，たとえば事務机をいくつ購入する
か，新卒で誰を採用するかといった日々の業務について多数の株主が意思決定
を下すことは現実的ではありません。そこで業務執行者である経営者は，株主
総会で判断すべき重要な決定事項を除き[6]，株主の意見を逐一確認すること
なく経営に関する意思決定を行い，業務を執行することが認められています。し
かし株式会社が大規模になり株式が多数の小規模株主に分散して保有されるよ
うになると，株主の意向が十分に経営に反映されない可能性が発生してきます。
たとえば株主は長期的な投資収益率に関心があるものの，経営者は自身の任期
中に成果を上げようと短期的な利益を追求するかも知れません。

　一般に，プリンシパル（依頼人）がエージェント（代理人）に仕事を依頼し，
何らかの目に見える成果（売上など）に応じて報酬を提供する場合，両者の関
係はプリンシパル・エージェントの関係にあるといわれます。株式会社の場合，
株主が経営者に会社経営を依頼しているため，株主がプリンシパル，経営者が
エージェントとなります。プリンシパルとエージェントの関係では，しばしば
エージェンシー問題あるいはプリンシパル・エージェント問題と呼ばれる問題
が発生します。このような問題が発生する原因は，先に述べたように両者の目
的が異なることにありますが，より根本的な原因は，両者の間に情報の非対称
性が存在することにあります。株主が経営者に会社の経営を依頼する場合，株
主は売上に応じて経営者に報酬を支払うとします。しかし売上は経営者の努力
のみならず，マクロ的な景気動向や財政・金融政策，気候やブームなどさまざ
まな要因によっても左右されます。この状況では，売上が多かった場合にそれ
が経営者の努力の成果なのか，たまたま景気が良かったからなのかは株主が見
定めることができません。また株主が観察可能なのはあくまで結果としての売
上であり，経営者の努力水準は観察不可能です。つまり経営者の努力が私的情
報になっており，売上が経営者の努力と1対1に対応しないため，経営者には
努力を怠るインセンティブが発生し，株主は経営者の努力を十分に引き出すこ
とができないという問題が生じてしまうのです。このような状況ではエージェ
ンシー・コストと呼ばれる非効率性が発生してしまうことが知られており，出
資者と業務執行者が分離されている株式会社には構造的にこのような問題が内
在しているのです[7]。

第Ⅰ部　ビジネスとファイナンスの基礎

　以上のような株式会社制度に内在するプリンシパル・エージェント問題に対し，日本の企業が取ってきた対応策の1つに，系列やメインバンクと呼ばれる，銀行を中心とした企業のグループ化があると説明されることがあります。戦後の日本企業は旧財閥系の企業集団を単位として，メインバンクを中心とした企業グループを作り，グループ内で株式を持ち合う資本関係を維持し，定期的に社長会を開催したり役員派遣などの人的結びつきを強めるなど，さまざまな形の長期的な協力関係を構築することで，貸し手（メインバンク）と借り手（グループ企業）の間の情報の非対称性を解消する機能を有してきたというのです。これによりグループ企業はメインバンクから資金を借りやすくなるほか，業績悪化時には低利融資を受けて倒産を回避したり，破たん時には倒産費用を負担したりしてもらうなど，メインバンクが企業の保険者としての役割を担い，戦後日本の経済成長に大きく貢献してきたと説明されることがあります。ただしこうした議論は，その証拠が存在すると主張する実証研究がある一方で，系列やメインバンクの実態やそれらが経済成長に果たした役割はきわめて限定的であるという見方も提示されています。

2.3 │ 合名会社・合資会社

　株式会社が出資者（株主）の有限責任を特質の1つとするのに対し，合名会社では社員が会社の債務について直接,連帯して無限責任を負います。したがって会社が事業に失敗し，大きな負債を抱えた場合は社員が連帯してその債務に対する責任を負うことになります。また合名会社では，社員が原則として会社の業務執行に携わることが会社法によって規定されており，株式会社のように出資者と業務執行者は分離されていません。このように合名会社の場合，社員の責任が重く，広く出資者を募ることが見込めないため，家族や親族を中心に出資・設立されるのが一般的です。

　これに対し，合資会社は会社の債務について直接・無限の責任を負う社員（無限責任社員）と，直接責任は負うものの，会社に対する出資額までに責任が限定される有限責任社員の2種類の社員から構成される会社です。合名会社同様，小規模な会社がほとんどですが，次で説明する合同会社が認められるように

30

なってからは新規に設立されるケースはほとんどありません。

2.4 | 合同会社（日本版 LLC）

　合同会社は，欧米の LLC（limited liability company）を手本として，2004年の会社法によって認められるようになった会社形態です。合名会社・合資会社が社員に無限責任を課していたのに対し，合同会社では社員が有限責任である点が大きな特徴です。つまり合名会社・合資会社の特徴の１つである出資者と業務執行者の一致は維持しつつ，出資者（社員）にとってリスクが大きすぎる無限責任を改めた会社形態が合同会社と言えます。

　また株式会社では，出資者である株主や債権者を保護する観点から，さまざまなルールが設定されているのに対し，合同会社の場合は企業の実態に見合った形でフレキシブルに設計できる会社類型として設定されています。なお株式会社では株主の地位が「株式」によって表されますが，合名会社・合資会社・合同会社では社員の地位が「持分」という言葉で表されます。そのためこれら３つをまとめて**持分会社**と呼ばれることがあります。

2.5 | 制度設計者の責任

　以上，株式会社，合名会社，合資会社，合同会社の４つの会社形態の法的側面を簡単に見てきました。ビジネスを営む企業は，これら４つのうちビジネスを営む上で自社にとってもっとも良い会社形態を選択します。地元を中心とした家族経営のクリーニング店を営むのであれば，出資者と業務執行者が一致した合名・合資・合同会社のいずれかを選ぶことが選択肢に入るかもしれません。しかし同じクリーニング店でも，チェーン店として広い地域でビジネスを展開しようとすれば，多くの資金を集められる株式会社形態も視野に入ってくるでしょう。

　本章の冒頭でも少し触れたように，制度設計の観点からは次の視点も重要です。経営者や株主はその時点で選択可能な選択肢の中から最適な会社形態を選択しています。しかし経営者や株主が選択する会社形態は，法制度を設計する

人々が制度として作り出すものです。もし選択可能な会社形態がビジネスの実態に見合わず使い勝手の悪いものであれば，企業は大きな制約の中でビジネスを行うことになり，経済活動全体に甚大な悪影響が及びます。

たとえば日本では長らく株式会社が病院経営を行ったり剰余金を配当したりすることが認められてきませんでしたが[8]，欧米では多くの病院で株式会社形態により経営が行われています。仮に株式会社形態を採用できないことで日本の病院経営に大きな非効率性が発生しているとすれば，医療のような公益性の高いサービスだからこそ，その代償は非常に大きいものになる可能性があります。また日本では長らく株式会社が農地を借りることが困難でしたが，2009年に農地法が改正され，株式会社が農地を借りやすくする規制緩和が行われました[9]。その結果，特例有限会社や株式会社の参入が急速に増加しました。（図表2-3）日本では欧米と比べて農家や農地の規模が小さく，生産性の上昇を妨

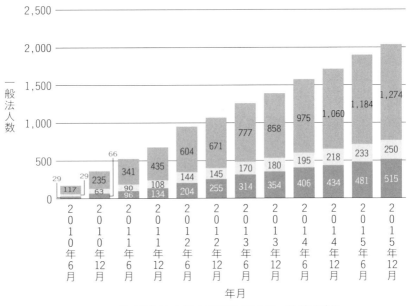

図表2-3　改正農地法施行後の参入法人数

出所：農林水産省「一般企業の農業への参入状況（平成27年12月末）」より作成。
http://www.maff.go.jp/j/keiei/koukai/sannyu/attach/pdf/kigyou_sannyu-4.pdf

げる要因になっていることが指摘されてきたため，こうした制度改正はビジネスの制約を緩め，全体の生産性上昇に資する可能性があります。もちろん病院経営や農業分野への株式会社参入については多面的で慎重な議論が必要であることは言うまでもありませんが，いずれにせよビジネスを取り巻く環境が日々変化することを踏まえれば，規制や法制度もまた，時代に合った使い勝手の良いものにすべく，絶えず改良されねばならないのです。

1　保険会社に見られる相互会社は，保険業法によって設立される法人であり，会社法上に定められた法人ではないものの，会社法の規定が多く準用されています。

2　特例有限会社数については，会社法施行により有限会社が廃止される直前の平成17年調査結果を公表している，国税庁『会社標本調査結果』（平成18年分）「第12表　法人数の内訳」に掲載されている有限会社数1,453,540社（連結親法人および子法人538社を除く）が参考になります。平成18年の会社法施行後は有限会社の設立ができないため，この値が上限となるはずであり，株式会社245万社のうち6割弱（以下）がかつての有限会社であると推察されます。

3　企業数は統計によって大きく違いがあります。たとえば総務省統計局『経済センサス－基礎調査』（平成26年）では「会社企業」（株式・有限・相互会社，合名・合資会社，合同会社が含まれる）が175万企業あるとしています。こうした違いの背景には，データの収集・集計方法や会社の定義の違い，休眠会社の存在などがあると考えられます。本文の表は国税庁『会社標本調査結果』を使い，税務統計から法人企業数を見たものですが，納税の実績があるという意味で実態のある会社に限定されているというメリットがあるものと判断し，掲載しています。

4　ただし2005年6月に成立した会社法では，資本金5億円以上，または負債総額200億円以上の株式会社を「大会社」とし，それ以外の区別はしていません（会社法2条6号）。

5　2002年に大同生命保険，2003年に太陽生命保険と共栄火災海上保険，2004年に三井生命保険，2010年に第一生命保険が相互会社から株式会社に変更されました。2017年12月現在，相互会社は日本生命，住友生命，明治安田生命，富国生命，朝日生命の5社が存在しています。

6　取締役会設置会社では，株主総会の権限は①取締役・監査役などの機関の選任・解任に関する事項，②会社の基礎的変更に関する事項（定款変更，合併・会社分割，解散等），③株主の重要な利益に関する事項（剰余金配当，株式併合等），④取締役にゆだねたのでは株主の利益が害されるおそれが高いと考えられる事項（取締役の報酬の決定等）であり，これら以外の事項の決定は取締役会にゆだねられます（神田［2015］，pp.62-63）。

7　ただしエージェンシー・コストを小さくする努力は必要だとしても，その存在をことさらに強調することは，現実的にはあまり意味がないかも知れません。そもそも自らビジネスを営むことが時間的・能力的に不可能だからこそ経営者に依頼しているのであり，そこにエージェンシー・コストが存在するとしても，株主が自分で経営ができない以上，経営者にビジネスを任せるしか選択肢はないのですから。

8　医療法7条5項54条。ただし医療法が成立した1948年以前の病院を中心に，株式会社病院が存在する。

9　具体的には全国的に参入を可能とし，株式会社の農地貸借期間の上限をそれまでの20年間から50年間に延長しました。

第Ⅰ部　ビジネスとファイナンスの基礎

第3章

経済学における企業

　前章では，法が用意した枠組みである法人としての企業（会社）を見てきました。本章では経済学的視点に立って今一度企業を眺めます。経済学的視点からみた企業論では，法的枠組みとしての企業は影を潜めます。したがって本章における議論は日本に限定されず，基本的に企業一般について成立します。

3.1 なぜ企業が存在するか

　経済学において明示的に企業を扱うのは主にミクロ経済学です。ミクロ経済学における企業は長らく，インプットからアウトプットを効率的に生み出す生産関数として表現されてきました。たとえば1日当たり5人の労働力（L）と10万円の資本（K）を投入すると，1日最大100杯のラーメン（Y）が生み出されるというように，投入物（L，K）と生産物（Y）を結びつける数学的な関数（Y＝f(L，K)）として企業が扱われてきました。こうした単純で抽象的な企業観はミクロ経済理論を発展させることに大いに貢献しましたが，生産関数の中身についてはブラックボックスのままだったのです。

　そうした中，イギリス生まれの米国の経済学者R. コース（1910-2013）は，1937年に発表された *The Nature of the Firm*（「企業の本質」）と題された論文で，「なぜ企業が存在するか」という問いを投げかけました[1]。なぜコースは，一見自明で奇妙に思える，このような問いを提示したのでしょうか。これには次のような背景があります。

　ミクロ経済学（新古典派経済学）では，価格を媒介にして売り手と買い手が

第 3 章　経済学における企業

取引する結果，いくつかの条件のもとで効率的な資源配分（誰が何をどれだけ作り，誰が何をどれだけもらうか）が実現されると説明されます。しかし市場取引が効率的な資源配分を実現するのであれば，なぜすべての取引が市場を介して行われないのでしょう。例えば米自動車メーカーのフォード自動車はかつてミシガン州ディアボーンのリバー・ルージュと呼ばれた工場で，製鉄，ガラス，ゴムの素材からエンジン，車台，ボディ，シートに至るまで内製していました。当時は部品のサプライヤーが限定されていたという事情はあるにせよ，生産過程の大部分が市場を介さず企業内部で行われていたのです。現在でもたとえばファスナー生産大手の YKK は，ファスナー製造の専用機械を内製するだけでなく，材料開発や機械に組み込む金型や樹脂，テープの材料となる繊維の生産まで自社で行っていると言われます。市場が効率的な資源配分を達成するのであれば，なぜ企業内部で生産が行われるのでしょうか。それまでのミクロ経済学は，洗練されたモデルを構築し，市場メカニズムの機能と役割の解明について大きな成果を上げてきましたが，こうした疑問に対する回答は与えられていなかったのです。この意味で，コースの問題提起は学問的進展の過程で必然的に生まれてきたと言えるでしょう。

　さて，企業がなぜ存在するかという疑問に対するコースの答えは次のようです。コースによれば，市場を利用するには多様なコストがかかります。たとえば適切な取引価格を見つけ出したり，取引相手と交渉したり，契約を結んだり，訴訟が起きたりするといったようなコストです。こうしたコストは，のちに取引費用と呼ばれますが[2]，コースは企業組織を利用することで，そうしたコストを節約することができると考えました。企業内部における資源配分は，市場における取引と異なり，権限や指揮によって行われるため，市場取引を行った場合に発生しうる交渉や訴訟といったさまざまなコストが節約できるというわけです。もちろん企業組織を利用することにも多様なコストがかかるため，市場を利用するコストと企業組織を利用するコストを比較して，コストが低い方が選ばれると考えたのです。

35

第Ⅰ部　ビジネスとファイナンスの基礎

3.2 | 取引費用の経済学

　企業の本質についてのコースの問題提起は，30〜40年ほどの長きにわたってそのままになっていました[3]。しかし1980年代半ばになって O. ウィリアムソンらによって企業組織に関する議論が展開され，**取引費用の経済学**と呼ばれる，経済学的視点に立った企業組織論が登場しました。コースは1991年に取引費用の重要性の発見などの功績でノーベル賞を受賞し，ウィリアムソンは取引費用の経済学を確立し進展させた貢献で，米国の政治学者・経済学者である E. オストロムとともに2009年にノーベル経済学賞を受賞していることを踏まえると，取引費用の経済学は経済学の一分野としての一定の地位を確立したと言ってよいでしょう。次節では取引費用の経済学における代表的な議論である，**企業の境界**の議論を紹介しますが，そこで登場する企業観は，前章で紹介した法的形態としての会社とはずいぶん違ったものであることを実感できるはずです。

　企業の境界の議論に進む前に，コースの問題提起がその後いかなる議論につながったか，簡単に紹介しておきましょう。権限や指揮が企業内における資源配分の特質であるとしたコースの企業観に対し，A. アルチャンと H. デムセッツは，企業の特徴が，伝統的な市場よりも命令や権限や規律の面で問題を解決する能力にあると考えるのは誤った考えであるとして，コースの企業観を批判的に検討しました。彼らによると，企業内部において行使される権限や指揮は，市場での契約において可能な範囲の権限や指揮と何ら違いなく，そこに資源配分メカニズムとしての企業の特徴は一切存在しないというのです。その代わりに彼らは，企業の特質としてチーム生産と，チーム生産における合意とモニタリングの役割を強調しました。複数の投入物を同時に投入し，チームで生産することにより生産性が向上する効果や，チーム生産による成果を評価したりメンバーの怠けを監視したりするシステムとしてのチームの役割にこそ，企業の本質的な機能があると考えたのです。

　こうした批判に対し，M. ジェンセンと W. メックリングは，アルチャンとデムセッツによるコース批判に賛同しつつも，チーム生産を企業の本質とするのは焦点の当て方が狭すぎるとして，企業の本質を「**契約の束**」と捉える企業観を

第3章　経済学における企業

提示しました。彼らによれば，ほとんどの組織は法的フィクションであり，個人間の契約関係を結びつける役割を果たす束・要に過ぎないと議論したのです。企業の特質が権限・指揮監督やチーム生産にあるのではなく，契約を結びつける束にあるという考え方は，その後，法と経済学や会社法における重要な企業観として多くの研究に利用されることになります。以上のようなコースに始まる一連の議論は，企業について理解を深めただけでなく，それを取り巻く市場の役割を再考するきっかけとなったことは言うまでもありません。

3.3 | 企業の境界

　企業を市場と対峙する概念としてみたとき，企業の境界を考えることは「作るか買うか」の意思決定問題を問うことに他なりません。企業が何かを生産するとき，企業内部で生産しないものは市場を通じて外から購入します。したがって企業の本質とは何か，企業の境界はどのように決まるのかという問いは，企業が何を企業内で作り，何を市場から調達するかという意思決定を考えることと実は本質的に同じことなのです。そこで本節では企業の境界を決める重要な要因となる代表的な要因を紹介しましょう。

3.3.1　規模の経済性

　1つ目の要素は規模の経済性です。この言葉は日常生活でも耳にしますが，経済学では生産量（Q）が増加するにつれて総費用を生産量で割った平均総費用（average total cost：ATC），つまり製品1個あたりの単価が低下するとき，規模の経済性が存在すると定義します。

　図表3－1は横軸に生産量，縦軸に平均総費用をとり，平均総費用曲線を描いたものです。生産量がQ*の水準までは規模の経済性が存在し，それ以上の生産量では規模の不経済性が存在しています。このQ*の水準はもっとも小さな単価で生産できることから，最小最適規模と呼ばれます。

　規模の経済性が重要な役割を果たす典型的な産業としては，鉄鋼・石油化学などの重厚長大産業，電気通信・ガスなどの公共サービス，鉄道・航空機といった交通サービスなどが挙げられます。これらの産業に共通する特徴は，大きな

37

図表 3 − 1　規模の経済性

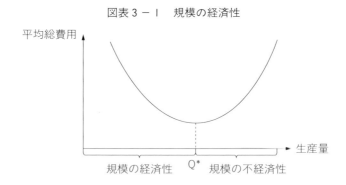

固定費用が必要なことです。固定費用が大きな産業で規模の経済性が重要な役割を果たすのは，平均総費用の定義を考えると一目瞭然です。総費用は定義上，1単位でも生産しようとすると必要になり生産量とは無関係に決まる固定費用（fixed cost：FC）と生産量が増加するにつれて増加する可変費用（variable cost：VC）とに分解できます。つまり AC(Q)＝FC＋VC(Q) と書くことができます。したがって平均総費用は，

$$\text{平均総費用（AC）} \equiv \frac{\text{総費用（TC）}}{\text{生産量（Q）}} = \frac{\text{固定費用（FC）}}{\text{生産量（Q）}} + \frac{\text{可変費用（VC(Q)）}}{\text{生産量（Q）}}$$

と表されますが，最右辺の第1項は固定費用が生産量に依存しない費用のため，Qが増加するにつれて常に小さくなります。平均総費用曲線がしばらく右下がりになるのは，固定費用が生産量によって分散されて平均総費用を押し下げる効果が，生産量の増加に伴う可変費用の増加により平均総費用が押し上げられる効果を上回るからです。固定費用が大きな産業では，固定費が分散される効果が大きな生産水準まで働くため，現実的な生産水準では生産量を増やせば増やすほど，平均総費用が低くなるのです。ただし最右辺の第2項は生産量が増えるにつれて増加するため，この項の増大効果が第1項の減少効果を上回る水準になると，平均総費用は増加していくことになります[4]。

なお規模の経済性と似た概念に，経験曲線あるいは学習曲線があります。経験曲線もやはり生産量が増加するにつれて総費用が低下する現象を表しますが，規模の経済性が生産量の増加に伴う平均総費用の低下であったのに対し，経験

図表3-2　経験曲線（学習曲線）

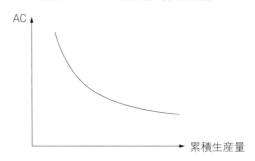

曲線は累積生産量増加に伴う平均総費用の低下を表す点が異なります。すなわちそれまでどれだけ生産したかという経験（学習）が単価を低下させる効果が強いとき，経験曲線は右下がりとなります（図表3-2）。累積生産量が重要な役割を果たす産業としては，半導体，航空機機体製造，化学メーカーなどが挙げられます。

3.3.2　範囲の経済性

　企業の境界を決める2つ目の要素は，範囲の経済性です。範囲の経済性は次のように定義されます。

$$C(X_1)+C(X_2)>C(X_1, X_2)$$

　ここで$C(X_1)$は財1をX_1だけ生産する総費用，$C(X_2)$は財2をX_2だけ生産する総費用です。左辺の$C(X_1)+C(X_2)$は，それぞれを別々に生産した場合の総費用を合計したものです。また右辺の$C(X_1, X_2)$は財1をX_1単位，財2をX_2単位同時に生産した場合の総費用です。両者を比べたとき，別々に生産した場合のコストが同時に生産した場合のコストを上回るとき，範囲の経済性が存在すると言います。24時間無人時間貸駐車場を全国に展開していたパーク24が駐車場の一部を利用してカーシェアリング事業を展開したり，コンビニがATMを設置したりするケースは，範囲の経済性を利用したビジネスと言えます。

3.3.3　関係特殊的投資

　3つ目の要素は，関係特殊的投資（relationship specific investment：RSI）と呼ばれるものです。いま自動車メーカーがヘッドライトを部品メーカーから調達することを検討している状況を考えましょう。部品メーカーがこのメーカー向けの部品を作るための投資をする場合，この投資は発注元の自動車メーカーとの関係においては価値があるものの，それ以外の用途には価値がない投資となります。このように，ある取引相手との関係において意味のある投資のことを，関係特殊的投資と言います。

　部品メーカーが関係特殊的投資を行うと，自動車メーカーは交渉力が強くなります。なぜなら自動車メーカーにとって，部品メーカーの投資は自社との関係においてのみ価値を持つため，すでに投資をしてしまった部品メーカーに対しては投資をした後では強い立場で交渉に臨むことができるからです。「仕様が契約内容と違う」「予想外の円高になった」「顧客からクレームが来た」など，さまざまな理由をつけて部品メーカーと再交渉することができるでしょう。

　このような状況が生まれてしまう原因は，契約が不完備であること，すなわち契約の不完備性にあります。将来起こりうるすべての出来事について事前に事細かに契約を書くことができれば，こうした問題は起きえません。しかし実際はそうした契約を書くことは困難です。将来は何が起きるかわからない不確実性があり，仮に将来起こり得る事柄を事細かに列挙できたとしても，そのすべてについて契約書を取り交わすことは現実的ではありません。また事後的に裁判所がどのケースが起きたのかを立証（verify）することが困難かも知れません。このような契約の不完備性がある状況で部品メーカーの関係特殊的な投資が行われると，自動車メーカーは事後的に自分に有利になるよう，機会主義的行動をとる余地が発生します。これにより部品メーカーは当初見込んだ利益を得られず，損失を被る可能性があるのです。

　しかし自動車メーカーの機会主義的行動に対し，部品メーカーもただ手をこまねいているだけとは思えません。いったん関係特殊的投資をしてしまうと自分の立場が弱くなり，自動車メーカーの機会主義的行動に屈してしまう可能性が高いとわかれば，そもそも関係特殊的投資をしないという選択肢があります。

このように，契約の不完備性のもとで関係特殊的投資が行われる状況では，将来の機会主義的行動を恐れて，結果的に投資がなされない可能性が生じてしまいます。これをホールドアップ問題と呼びます。ホールドアップ問題が問題なのは，本来なされればお互い得になる投資であるにもかかわらず，それが実行に移されなくなってしまうからです。

　この問題を解決する1つの方法は，自動車メーカーが部品メーカーを吸収合併するなどして，企業の「内部」に取り込むことです。そうすることでホールドアップ問題を解決し，必要な投資を実現することができます。このように，契約の不完備性と関係特殊的投資の存在は，企業の境界に影響を与える1つの要因となり得ます。

　ホールドアップ問題が現実に重要な役割を果たしたケースとしてしばしば取り上げられるのが，GM－フィッシャー・ボディのケースです。このケースは1978年に B.クライン，R.クロフォード，A.アルチャンらが論文で取り上げて以来，ホールドアップ問題が企業の境界に影響を与える具体例として頻繁に取り上げられるようになりました。話は次のとおりです。

　米国で大衆車としての自動車が普及し始めた1910年前後，自動車のボディは主に木製でオープン型のボディが主流でした。しかし1919年頃には金属製で閉じた車体に移行しつつありました。金属製のボディの生産には特別な金型が必要だったため，GM 向けのボディ生産のためには，GM 向けの金型を作るという関係特殊的投資が必要となりました。GM は1919年，フィッシャー・ボディとの間に閉じた車体の納入を受ける10年契約を結びましたが，この契約はフィッシャー・ボディが関係特殊的投資をしやすいよう，GM がフィッシャー・ボディ以外のメーカーからはボディの供給を受けないという排他的な契約として締結されました。GM 側が事後的に他のボディメーカーからより安い価格で車体を購入するといった機会主義的な行動を取ることを事前にできなくすることで，フィッシャー・ボディの関係特殊的投資を容易にしていたのです。しかしこの排他的契約が，今度はフィッシャー・ボディが GM に対して有利に働きかける機会を作り出しました。契約では車体の価格が「妥当な」水準に固定されましたが，将来的に需要や生産条件が変化する中で，妥当な価格を決定することは困難なことでした。将来の状況がわからないことから，契約が不完備に

第Ⅰ部　ビジネスとファイナンスの基礎

ならざるを得なかったわけです。結局，車体の価格はコストに17.6％上乗せするという形で取り決められました。ところがその後数年のうちに自動車を取り巻く市場環境が大きく変化しました。それまでのオープン型のボディからクローズド型のボディへの需要が急速に高まり，フィッシャー・ボディが製造する車体への需要が増加し，車体の市場価格が上昇しました。これによりGMはフィッシャー・ボディが提示する高い価格に応じざるを得ない状況が生まれたのです。またGMは，効率的な生産体制を整えるため，フィッシャー・ボディがGMの組み立て工場近くに車体の工場を立地させること要求しましたが，フィッシャー・ボディはそれを拒みました。このような経緯から，1924年までにGMはフィッシャー・ボディとの契約関係にもはや我慢ができなくなり，残りのフィッシャー・ボディの株式を購入する交渉を始め，1926年に合併することになったのです。

　以上がGM－フィッシャー・ボディのケースの概要です。ただしこの事実については さまざまな議論があり，R. コース自身が実地調査を行った結果，このケースをホールドアップ問題による買収の例とするのは事実誤認で適当ではないと結論づけるなど，異なる見解も提示されています。

3.3.4　ネットワーク外部性

　企業の境界を決める重要な要素の最後として，ネットワーク外部性を取り上げます。財の中には，その財が持つ価値だけでなく，その財を使う人の数がその財の価値を決めるものがあります。たとえば携帯電話は自分1人が持っていても誰とも通信できず何の価値もありません。しかし携帯電話を使う人の数が増加するにつれて携帯電話の価値は高まります。このように，財から得られる満足度がその財を使う人の数に影響されるとき，ネットワーク外部性が存在すると言います。

　ネットワーク外部性は，古くから新聞，雑誌，電話帳，テレビ，ラジオといった媒体において重要な役割を果たしてきましたが，インターネットの登場で急速にその重要性を増してきました。

　ここでは例として東京証券取引所（東証）を取り上げましょう。東証は図表3－3のように証券会社や銀行などの取引参加者が株式や国債などの有価証券

42

図表3－3　東京証券取引所の構造

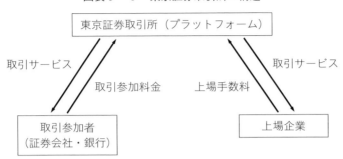

を売買するための場を提供すると同時に，上場企業とも取引をしています[5]。東証は証券会社や銀行など取引参加者から取引参加料金を徴収して有価証券売買等の取引サービスを提供します[6]。また上場企業からは上場手数料等を徴収して有価証券売買等の取引サービスを提供しています。

　ところで東京証券取引所は取引参加料金と上場手数料をどのように設定したらよいでしょう。この問題を考えるポイントは，証券取引所の価値が上場企業数によって左右されることです。つまり上場企業数が多いほど証券取引所の価値が高まるため，取引参加料金を高くすることができます[7]。この意味でのネットワーク外部性が存在するため，証券取引所は上場手数料を非常に低い料金にまで落として上場企業数を増やす一方，取引参加料金を大幅に引き上げることで証券会社・銀行側から利潤を上げることが1つの戦略になります。インターネット検索サイトやテレビ・ラジオ，フリーペーパーなどは購読者側の利用料が無料ですが，限界費用を下回る水準で価格が設定されていることも多くあります。ネットワーク外部性が重要な役割を果たすビジネスではプラットフォームの価値を高めることが重要になるため，水平合併などで企業規模を大きくする誘因が存在します。

　このような特徴を持つ市場は，双方向市場と呼ばれ，同様の構造を持つ市場の例としてGoogleやYahoo!などのインターネット検索サイト，テレビ・ラジオ，雑誌，電話帳，フリーペーパーなどが挙げられます。

　以上，企業の境界を決める重要な要因を4つほど見てきました。経済学における企業論は，市場メカニズムと対峙する資源配分メカニズムとしての企業の

役割を検討することに力点を置いてきたと言えます。

3.4 │ 所有と経営の分離とエージェンシー問題

　株式会社は構造上，出資者である株主と業務執行者が一致しない特徴を持った会社制度ですが，A. バーリとG. ミーンズは1932年に出版された『現代株式会社と私有財産』（The Modern Corporation and Private Property）と題された著作で，米国で株式会社が大規模化して株式が多数の小規模な株主によって所有されるようになったことにより「所有と経営の分離」が進行し，株主の意向が十分経営に反映されなくなっていると指摘しました。これにより経営者が自らの短期的な利益を追求すべくリスクの高い投資プロジェクトに参加したり，経営者にとって都合の良い人事が行われたりするなど，結果的に企業のパフォーマンスが低下してしまう可能性があることが議論されたのです。

　彼らの議論はその後，多くの実証研究を生みました。初期の研究の多くは，株式の集中度と企業の利潤率の関係を観察することに焦点が当てられました。仮にバーリとミーンズの議論が正しければ，他の条件を一定として，各企業の株式の集中度が高いほどパフォーマンスが良いことになります。つまりイメージ的には，図表3－4のように縦軸に企業のパフォーマンスの指標（たとえば全要素生産性，株価，トービンのQなどが用いられます），横軸に株式の集中度

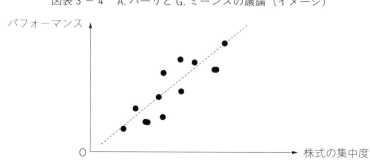

図表3－4　A. バーリとG. ミーンズの議論（イメージ）

注：A. バーリとG. ミーンズの議論が正しければ，株式の集中度とパフォーマンスの間には正の相関がみられるはずである。

を取って各企業のデータをプロットしたとき，両者の間には正の相関が認められるはずです。そうした関係が本当に認められるかどうか，国や産業や時期を変えて多くの研究が行われたのです。

実証研究の多くは集中度とパフォーマンスの間に明確な正の相関は認められないとして，株式が集中しているほど望ましいという単純な関係は否定しましたが，特定の産業や時期や地域によってはそうした関係が認められるなど，ある意味ではキリのない議論が続きました。そうした中，H. デムセッツとK. レーンは1985年の論文で，最適な集中度は産業や企業によって異なる，つまり企業特殊であるため，そもそも集中度とパフォーマンスの間には理論的にも正の関係が認められないはずだと主張し，米国企業511社のデータを使ってその主張が正しいことを実証しました。

図を使って説明しましょう。図表3－5はA社，B社，C社の株式集中度とパフォーマンスの関係を表したものです。各企業にはそれぞれ最適な株式集中度があるとします。この場合，A社にとっての最適な株式集中度は10%，B社は20%，C社は30%が最適な集中度であり，その最適な水準から外れるとパフォーマンスが低下する状況が表されています。何らかの制約がない限り，各社は最適な株式集中度を選択しているはずです。また3社が競争市場で存続しているとすれば，同程度のパフォーマンスを達成している可能性が高いため，ここでは放物線の頂点が同程度の水準で描かれています。このときA, B, C社

図表3－5　H. デムセッツとK. レーンの議論のイメージ

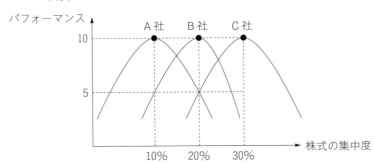

注：H. デムセッツとK. レーンは最適な株式の集中度は企業によって異なる可能性を主張しました。この議論が正しければ，株式とパフォーマンスの間に正の相関は認められないことになります。

とも放物線の頂点を達成する株式集中度を選択するため，結果的に株式の集中度とパフォーマンスの間に正の相関は認められないことになります[8]。デムセッツとレーンはこのような理論的可能性を議論することで，バーリとミーンズ以来の実証研究に新たな一石を投じたのです。

経済学者の中にはデムセッツとレーンの議論を支持する十分な実証研究が存在しないと考える研究者もいますし，その後の実証研究によって明確に一連の議論に決着がついたわけではありません。しかし彼らのアイデア，すなわち最適な株式集中度は企業特殊だという考え方は，株式の集中度とパフォーマンスの関係以外のテーマにも重要な示唆を与えるものです。その例をいくつか取り上げましょう。

1つ目の例は，コーポレート・ガバナンス（企業統治）に関するものです。日本では企業の不正会計や不祥事が相次ぐ中，2014年の会社法改正により社外取締役の設置が「強く推奨」されるようになりました。ここで「強く推奨」されるとは，社外取締役を置かない場合，その事業年度における定時株主総会において社外取締役を置かない理由を説明しなくてはならなくなったということです[9]。こうした政策が導入された背景には，現状の外部取締役導入が何らかの理由で最適な水準にないため，政策により強制的に比率を上昇させることで企業のパフォーマンス向上や規律付けが可能なはずだという前提があるはずです。しかし外部取締役についてデムセッツとレーンのアイデアが成立するならば，すなわち最適な外部取締役数が企業ごとに異なるならば，規制により一律に比率を上昇させたり義務化したりすることは，企業全体のパフォーマンスを低下させることになります。

同様の政策は日本に先立ち米国でも議論されました。米国では不正会計が明るみになった結果，2001年12月に米国のエネルギー大手エンロンが，また2002年7月に大手電気通信事業者ワールドコムが倒産し，投資家をはじめ多数の利害関係者に損害がもたらされたことをきっかけとして，企業会計の信頼性向上と投資家保護のため，2002年7月に上場企業に監査の独立性や情報開示，説明責任など多様な規定を設ける，通称 SOX 法（サーベンス・オクスリー法，上場企業会計改革および投資家保護法）が成立しました。企業はこの法律の基準を満たすのに多額の費用を要しましたが，デムセッツとレーンの議論を踏まえる

と，SOX法は各企業が選択している最適な変数を歪め，その結果全体のパフォーマンスを低下させる可能性があることになります[10]。

　デムセッツとレーンの議論が重要な示唆を与えるもう１つの例として，女性の管理職比率目標を取り上げましょう。日本を含む先進国の中には，女性の社会進出を促進する目的で，女性の管理職比率を高めるためのさまざまな政策を実施している国があります。図表３−６は就業者および管理職に占める女性の割合を国際比較したものですが，管理職に占める女性の比率が欧米では軒並み30％から40％の間にあるのに対し，日本では11.3％と韓国と並び際立って低い水準にあります。こうした状況に対し，政府は2014年６月に，「2020年までに指導的地位にいる人の３割を女性にする」との目標を掲げました。

　しかし各企業がそれぞれにとって最適な女性の管理職比率を選択しているならば，あるいは産業や地域によって最適な女性管理職比率が異なるならば，一律に女性の管理職比率を高めようとする政策もまた，企業全体のパフォーマン

図表３−６　就業者および管理職に占める女性の割合（％，2014年）

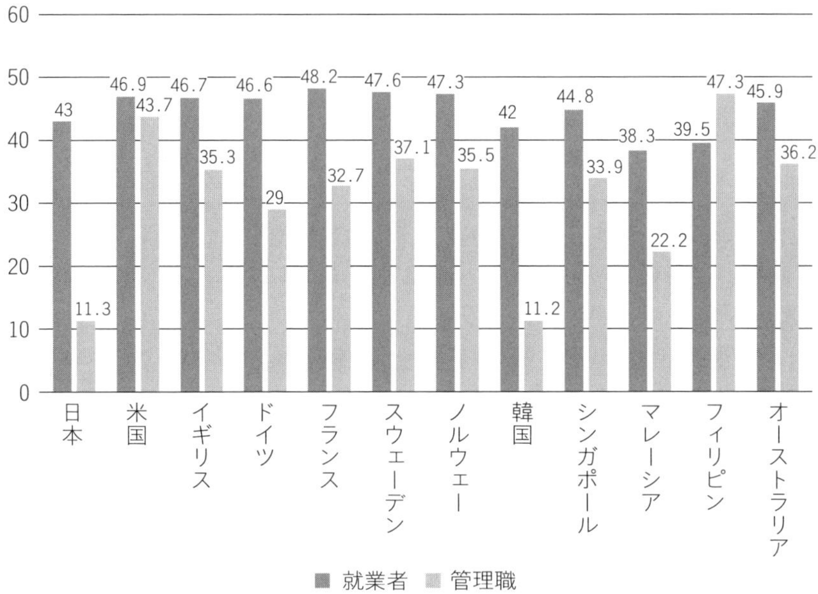

出所：労働政策研究・研修機構『データブック国際労働比較2016』p.89より作成。

第Ⅰ部　ビジネスとファイナンスの基礎

スを低下させる可能性があります。再度図表3－5で考えましょう。いまA，B，C社の女性管理職比率がそれぞれ10，20，30％であるとします。ここで女性の管理職比率が低すぎるとして20％以上の比率とすることを義務付けたとすると，B社とC社に影響はありませんが，A社は10％から20％に増加させることになり，その結果パフォーマンスが10から5に低下することになります[11]。このことは経済全体にとって望ましいことではありません。

　実際，最適な女性管理職比率が産業や企業により異なるとの考え方は自然に思われます。建設業や運送業と，化粧品や婦人服メーカーとで最適な男女比率が同じだと考えることには無理がありますし，同じ小売業でも深夜営業をしている企業としていない企業では最適な男女比率は異なるはずです。さらにそうした最適な比率は，事業内容や取り巻く市場の変化に応じて常に変化するでしょう。

　もちろん，デムセッツとレーンの議論が正しいかどうかは慎重に検討する必要があります。企業が自ら選択する社外取締役の人数や女性の管理職比率には何らかの制約があって，そもそも最適な水準が達成されていない可能性はありますし，個々の企業にとっては最適な水準であっても，その水準がいかなる意味でも最適であるとは限らないかもしれません。たとえば不正会計に手を染めている企業にとって，社外取締役を置かないことは，不正がバレない限り利潤最大化の観点から望ましいかもしれませんが，社会的に見れば望ましいとは言えません[12]。また日本では出産や育児，家事の面で女性がいまだ大きな負担を担っている現状があるにもかかわらず，それでも企業が自発的に選択する女性管理職比率が常に効率的な水準にあると主張することは，もはや屁理屈にしか聞こえません。

　ここで重要なのは，デムセッツとレーンの議論が正しいか間違っているかというイチかゼロかという議論よりむしろ，彼らの議論を踏まえたうえで，企業が最適な水準を選べていないとすればそれはどういう理由によるものか，具体的なケースに即して地道に検討することでしょう。その検討プロセスにおいてデムセッツとレーンの議論が重要な役割を果たしてくれることは間違いありません。

　なお多少専門的になりますが，図表3－5のように最適な水準が企業特殊で

48

あったとしても，その事実は研究論文として報告されにくいという学問的背景があることにも注意が必要です。実証研究ではしばしば，「外部取締役がいる企業ほど業績が良い」「女性管理職比率が高い企業ほど業績が良い」といったように，関連性や因果関係が見出されたという結果（統計的に有意な結果）が評価されやすく，「外部取締役の存在と業績には関連性がない」「女性管理職比率と業績には関連性がない」ことをデータで示しても，実証的貢献とはみなされにくい研究の現状があります。その結果，「関連性がある」という研究ばかりが目立ち，「関連性がない」という研究は影をひそめるというバイアスが存在するのです。

　次の視点も重要です。デムセッツとレーンの議論が成立しない，つまり企業が最適な水準を選択していない，あるいは選択された最適な水準に何らかの問題があるとしても，それは政府による規制が状況を改善することを直ちに意味するわけではありません。政府が規制などによる介入によって問題によりよく対処できるためには，個々の企業が選択する変数（株式の集中度，社外取締役の数，女性管理職比率の割合など）の最適な水準がどこにあるかを把握していることが前提となります。図表3－5でいえばA，B，Cの各点の位置がどこにあるかを政府が把握していなければ，適切な規制は不可能です。しかしこうした情報は各企業が日々の事業活動の中で探し求めているものであり，ビジネスや企業に関する情報も経験もない政府がそうした最適な水準を把握することは，能力の点でもインセンティブの点でもほとんど不可能であると考えるのが妥当ではないでしょうか。トヨタ自動車における最適な女性管理職比率はトヨタ自動車が日々の業務の中で探し求めているものであり，多くの条件に依存して最適な水準は常に変化するでしょう。その水準を政府が把握できるというのは現実的だとは思えません。もし政府の規制・介入が見当違いなものであれば，規制の影響を受ける産業全体のパフォーマンスはかえって悪化し，政府の失敗が発生することになります。私たちは何か問題があるとつい何らかの対策を考えたくなりますが，有効性が明白な対策がないならば，何もしないという政策も常に有力な選択肢の1つであることを忘れてはいけません。

　いずれにせよ，デムセッツとレーンの議論が常に正しいかどうかはともかくとして，常に頭の片隅に入れておくべき議論であることは間違いないでしょう。

1 "Our task is to attempt to discover why a firm emerges at all in a specialized exchange economy." (p.390)

2 この点で，取引費用という概念は注意して用いる必要があるかもしれません。取引費用という言葉は便利な概念のため，つい利用したくなりますが，それを持ち出すことでその先を考えることをやめてしまい，思考停止に陥る危険性がある魔法の言葉でもあります。ある取引が企業内部で行われたことの説明として，「市場を利用する取引費用が大きいから」と回答することは，間違いでなくとも，そう回答することで企業や市場についてのより良い理解につながっているか吟味する必要があります。アイデアとしての取引費用は重要ですが，より重要なのは具体的にその内容を検討し，それが果たす役割をきちんと検討する姿勢を持つことでしょう。

3 コースは同時期に発表した社会的費用の論文がただちに広まったのに対し，企業の本質に関する議論がなかなか広まらなかったことを回想しています。

4 可変費用が生産量について1次的に増加していくケース（TC＝100＋10Qのような場合）では，第2項は定数（つまり10）となるので，平均総費用曲線は低下し続けます。しかし可変費用が生産量について2次，3次的に増加していくケース（TC＝100＋10Q^{2}やTC＝100＋10Q^{3}のような場合）では，第2項はそれぞれ1次（10Q），2次（10Q^2）となるので，平均総費用はいずれ増加していきます。

5 東証で有価証券を売買するには免許が必要であり，証券会社や銀行はその免許を持っているため取引することができますが，個人投資家や一般企業は証券会社や銀行を通じてしか有価証券を購入することはできません。東京証券取引所と大阪取引所で有価証券の売買や市場デリバティブ取引を行うことができるのは，総合取引参加者93社，先物取引等取引参加者81社，国債先物当取引参加者27社です（2017年3月時点）。

6 東証の場合，取引参加料として①固定費としての基本料（50万円），②売買代金に応じてかかる取引料，③注文件数に応じてかかるアクセス料，④売買システムのサーバ・端末利用に応じてかかる売買システム施設利用料，の4つに分けられます（2016年9月時点）。

7 ただし証券取引所の場合，上場企業が急に倒産したり不正会計などの不祥事で株価が急落したりすると投資家の利益が損なわれ，安心して取引することが困難になるため，上場には一定の基準が設けられています。

8 統計的にいえば，「株式の集中度がパフォーマンスに影響を与えない」という帰無仮説が棄却されないことになります。

9 この考え方はヨーロッパ諸国で採用されている「コンプライ・オア・エクスプレイン」（遵守するか，または，遵守しない場合は遵守しない理由を説明する）という規範に沿ったものといわれます（神田［2015］，p.70）。

10 SOX法が企業のパフォーマンスに与える影響についてはすでに多くの実証研究が存在し，分析結果をもとにSOX法の規定義務付けに否定的な経済学者や法学者も多くいます。

11 実際ある研究では，ノルウェーで2003年に取締役の40％を女性とすることを義務付ける法律が制定されたことで，株価が下落したり，法制定後数年間にわたってトービンのQが低下したりするなどのマイナスの影響が認められたことが報告されています。

12 とはいえ，社外取締役を設置すれば問題が解決されるかどうかは別問題です。

第4章

ファイナンスの基礎的概念

　本章ではファイナンスの基礎的概念を扱います。ファイナンスの代表的な教科書の1つであるZ. ボディ，R. マートン，D. クリートンによる『現代ファイナンス論』は，

> 「ファイナンスは，「時間軸上」において，稀少資源をどのように分配するかを研究する学問である。」

と定義しています（第2版邦訳，p. 4）。確かに企業も個人も，多くの場面で時間軸上の資源配分をしています。企業による社債発行は将来の収益を当てにして現在お金を借りる行為であり，研究開発（R&D）は逆に現在お金を投じることで将来の収益を増やす行為です。家計が毎月入ってくるお給料のうちどれだけを消費に回し，どれだけを貯蓄に回すか考えることも，時間軸上の資源配分に他なりません。

　第1章の冒頭で紹介した，「制約条件のもとで自分にとってもっとも良いものを選択している」という見方は時間軸上における資源配分についても有効です。たとえばファイナンスの典型的なテーマである株式を購入するという行為は，いま資金を投じて将来の配当や値上がり益といった形での利益を当てにする行為ですが，これもまた現在と将来という時間軸上のお金の配分を考える行為そのものです。もちろん世の中には，たくさんの株式を購入する人もいれば，株はリスクが高くてあぶなっかしいので購入しないという人までさまざまです。つまり最適な株式購入の頻度・内容は人により企業により異なるわけですが，第Ⅱ部で見るように，ファイナンス論ではそうした個人の違いまでうまくモデ

第Ⅰ部　ビジネスとファイナンスの基礎

ルに取り込んで理論が作られています。

　本章ではファイナンスを理解する上で欠かせない最重要概念の1つである利子率（金利）について説明します。数学的定義を用いた厳密な説明は第Ⅱ部に譲り，本章では具体的なデータを織り交ぜながら現実に沿った形で利子率を扱います。

4.1 金利（利子率）

　金利といって私たちが真っ先に思い浮かべるのは，銀行や郵便局の普通預金金利かもしれません。金利が年率1％であれば，1万円を預金すると1年後に10,100円となります。この金利1％は，一見お金を預けたことに対する銀行からの報酬のようにも見えますが，現在のお金と1年後のお金の価値の関係を示す値と見ることもできます。つまり現在の1万円は1年後の10,100円と同じ価値であるという見方です。このように金利は，ある時点と別の時点のお金の関係を示す値として理解できます。

　金利には銀行の普通預金金利以外にも，金融機関同士が短期的に資金を融通する際に用いるコール・レート，銀行が企業に融資する際の金利，住宅ローン金利など，無数の金利が存在します。以下ではそうした金利を抽象化して，概念としての金利を考えることにします。

　さて金利は大きく分けて，単利と複利に分けられます。単利は毎期，当初の元本のみに対して金利を適用します。これに対し複利は毎期，前期末に生まれた元本と利子の合計に対して金利を適用します。私たちが普段目にする銀行の普通預金金利は複利ですが，単利の例としては個人向け国債のクーポン利率が挙げられます。

　いま100万円を金利5％で3年間預け入れたとしましょう。3年後期末の元利合計は，

$$単利：100＋（100×0.05）×3＝115（万円）$$
$$複利：100×（1＋0.05）^3≒115.76（万円）$$

となり，7,600円程度の差が生じます。この例では両者の間にさほど大きな差は

52

生じませんが，単利と複利では長期的に元利合計に大きな違いが出ることが知られています。

図表 4 − 1 は100万円を金利 5 ％で50年間運用した場合の元利合計をグラフにしたものです。単利では50年目に350万円の元利合計になりますが，複利では1,100万円を超えており，大きな差が出ることが確認できます。以下では特に断りのない限り，金利は複利として話を進めます。また一般には金利という用語が用いられることが多いものの，経済学ではしばしば利子率という用語が使われます。本章では両者を区別せず，基本的に利子率という用語を使用しますが，慣例的に金利という用語が用いられる場合は慣例に従うこととします。

図表 4 − 1 　単利と複利

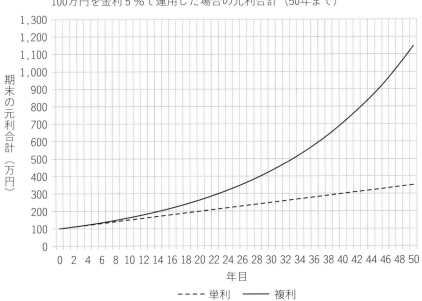

第Ⅰ部　ビジネスとファイナンスの基礎

4.2 名目利子率と実質利子率

　1906年に発表された夏目漱石の『坊ちゃん』には，赴任先の四国の中学校教師の月給が40円だという話が登場します。現在の初任給とは大きく異なる数字ですが，これはもちろん，当時と現在とで貨幣の価値（物価水準）が異なるからです。私たちは普段の生活の中で物価の変動をあまり意識することはありませんが，それでも数十年程度の期間を眺めてみると，大きく変動することがわかります。

　こうした物価変動は，利子率を考える際にも考慮しなくてはなりません。たとえ利子率が同じ年5％であっても，その間にインフレが発生する場合とデフレが発生する場合とでは，1年後に手元に残るお金の実質的な価値が異なってくるからです。なおインフレーション（インフレ）とは，財やサービス全体の価格（一般物価）が継続的に上昇することであり，デフレーション（デフレ）とは逆に一般物価が継続的に下落することをいいます。全体的な物価の継続的な上昇・下落であるため，たとえばバターの価格が一時的に上昇したり，吉野家の牛丼の価格が下がったりするだけではインフレやデフレと判断しません。

　では物価の変動が利子率にどのように影響を与えるか検討しましょう。いまリンゴが唯一の財であり，1個100円で売られているとします。この時点では1万円で100個のリンゴが購入できます。この1万円を利子率年5％で1年間預金すると，1年後の元利合計は10,500円となります。その結果，当初100個買えたリンゴは，1年後も価格が100円のままであれば105個買えるようになります。この意味で，実質的な購買力も5％アップしています。しかし1年の間にインフレが起きた場合どうなるでしょう。

　図表4-2は，預金する1年間のインフレ率がそれぞれ0，5，10％のケースについて，1年後に購入できるリンゴの個数や実質的な購買力の変化を整理したものです。いずれのケースも名目利子率は年5％を想定しています。

　ケース(a)はインフレ率が0の場合です。1年後もリンゴの価格は100円のままなので，期末に得られる10,500円で105個のリンゴが購入できます。この意味で利子率の年5％は実質的な購買力の上昇率である5％と一致しています。この

54

第4章 ファイナンスの基礎的概念

図表4－2 名目利子率と実質利子率

ケース	名目利子率	インフレ率	1年後のリンゴ1個の価格	10,500円で買えるリンゴの個数	貨幣価値の実質的な変化	実質利子率
(a)	5％	0％	100円	105個	＋5％	5％
(b)	5％	5％	105円	100個	0	0
(c)	5％	10％	110円	95個（50円余り）	－5％	－5％

ように物価に変動がなければ，利子率は実質的な貨幣価値の上昇率と一致します。

　ケース(b)はインフレ率が5％の場合です。1年後のリンゴの価格は5％上昇して105円になっています。このとき期末に得られる10,500円で買えるリンゴの個数は100個であり，当初購入できたリンゴの個数と同じです。言うまでもなくこれは，5％の利子分がインフレによる物価上昇によって相殺されたからに他なりません。このように，インフレが起きることでせっかく得られた利子が物価の上昇率によって減じられてしまうのです。

　ケース(c)はインフレ率が10％の場合です。リンゴの価格は1個110円に上昇しています。期末に得られる10,500円で買えるリンゴの個数は95個（50円余り）となり，もとは100個買えたリンゴが95個しか買えなくなっているという意味で，実質的な貨幣価値は（約）5％減少していることがわかります。

　以上のように，いずれのケースも利子率は年5％で期末に10,500円が得られているにも関わらず，インフレ率の水準によって実質的な貨幣価値に違いが生じていることがわかります。

　経済学では以上のような物価変動の影響を考慮するため，名目利子率と実質利子率という異なる2つの概念を区別して用います。また名目と実質の区分は利子率のみならず，GDPや経済成長率を計算する際にも重要です。

第Ⅰ部　ビジネスとファイナンスの基礎

4.3 │ インフレと実質利子率

　図表 4 － 2 の数値例から類推されるように，一般に実質利子率と名目利子率
の間には，

実質利子率＝名目利子率－期待インフレ率

という関係が存在します[1]。この関係式は，金利の研究で著名な米国の経済学者
A. フィッシャーの名を取って，フィッシャー方程式と呼ばれます。

　ここでインフレ率に「期待」がついているのはなぜでしょう。それは将来の
インフレ率は誰にもわからず，現時点でわかるのはあくまで人々が「期待」し
ているインフレ率だからです。したがって仮に名目利子率が一定であっても，
人々が将来インフレになると思えば実質利子率は低下し，将来デフレになると
思えば実質利子率は上昇します。

　フィッシャー方程式の中のインフレ率が期待インフレ率であることは，政策
的にも重要な示唆を与えます。日本銀行の黒田総裁は2013年 1 月，長引くデフ
レを是正すべく，向こう 2 年間で 2 ％のインフレを実現するため大胆な金融緩
和を行うと宣言しました。もし人々がこの宣言を信用して，将来本当に 2 ％程
度のインフレが起きると期待するならば，実質利子率は低下し，実体経済はそ
れにより影響を受ける可能性があります。しかし人々がこの宣言を信用せず，
将来もデフレが続くと考えるならば，期待インフレ率はマイナスのままとなり，
実質利子率は低下しません。興味深いのは，実質利子率に影響を与えるのが人々
の期待であることから，日本銀行が実際に金融緩和せずとも，宣言するだけで
人々のインフレに対する期待が変化して実質利子率が変化する可能性があるこ
とです。もちろん逆に，人々が将来インフレは起きないと予想すれば，大胆な
金融緩和で名目利子率が上昇しても，実質利子率は低下しない可能性もありま
す。このように実質利子率の決定では人々の期待が重要な役割を果たすのです。

　実体経済にとって重要なのは，名目利子率ではなく実質利子率です。家計に
よる消費や借入れ，企業による投資や借入れは，表面上どれだけの利子や利息
がつくかということよりも，貨幣価値の実質的な変化の方が問題だからです。

56

第4章　ファイナンスの基礎的概念

家計が固定金利で住宅ローンを借りる際，名目利子率が高くとも，返済期間中に大幅なインフレが発生すれば実質的な返済は少なくてすみます。あるいは企業が銀行から融資を受ける際，名目利子率が低くとも預入期間中にデフレが発生して物価水準が下がれば，実質的な支払いは大きくなります。各経済主体はこうした将来のインフレ予想を意思決定の中に取り込んで行動していると考えられるため，実体経済にとって重要なのは名目利子率ではなく実質利子率なのです。ただし実質利子率に影響を与えるのは人々のインフレ期待であることから，より正確には，実体経済にとって重要なのは，人々のインフレ率に対する期待だということができます。

では実際に，利子率がどのように推移してきたかを見てみましょう。図表4－3は1971年1月から2016年2月までのインフレ率の推移をグラフにしたものです。ここでは消費者が購入するさまざまな財・サービスの価格を指数化した消費者物価指数（Consumer Price Index：CPI）の前年同月比伸び率をインフレ率の指標としています[2]。

図表4－3を見ると，インフレ率は1970年代を通じて高かったものの，その後低下し，80年代後半に一時期上昇したのちバブル崩壊後の1990年代に再び低下，その後はアップダウンはあるものの，概して低い伸び率で推移したことが読み取れます。とりわけ目立つのが1973年の25%近い伸び率ですが，これは第1次石油危機の影響で原材料価格が上昇し，その結果として一般物価が上昇したことによるものです。2000年以降はしばしば物価の伸び率がマイナスになる時期があり，デフレが生じていたことが読み取れます。このように平時にはそれほど物価水準の変動を意識することは少ないものの，長期的には大きく変動していることがわかります。

次に名目利子率と実質利子率がどのように推移してきたかを見てみましょう。図表4－4は図表4－3に名目利子率と実質利子率を追加してグラフを描いたものです。ここで名目利子率は「基準割引率および基準貸付利率」（かつての公定歩合）として定義し，実質利子率は名目利子率からインフレ率を差し引いて計算しています。

図表4－4によると，名目利子率はインフレ率と似たような動きをしていることがわかります。1970年代と80年代を通じて5%から10%弱程度の比較的高

57

第Ⅰ部　ビジネスとファイナンスの基礎

図表4－3　消費者物価指数伸び率（前年同月比，中分類総合，1971年1月～2016年2月）

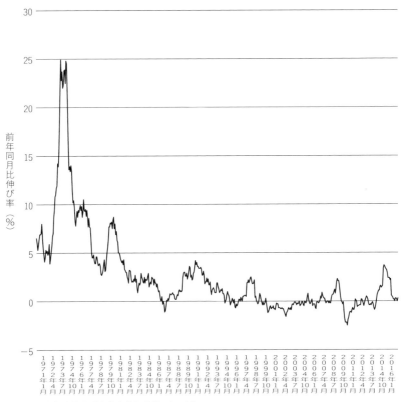

出所：総務省統計局「消費者物価指数（CPI）」

い水準にありましたが，1990年代前半に低下し，その後現在（2016年）に至るまで低い水準にあることが読み取れます。これに対して名目利子率からインフレ率を引いた実質利子率は，インフレ率や名目利子率とは大きく異なる動きをしています。それがもっとも顕著に現れているのが1973年の第1次石油危機の年です。名目利子率は1973年の1月に4.25％でしたが，同年12月に9％まで上昇しました。しかし同じ時期に石油価格高騰による急激なインフレが発生し，

第4章 ファイナンスの基礎的概念

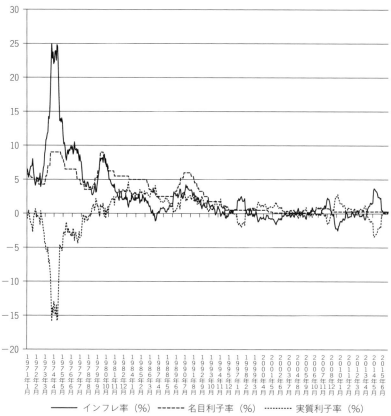

図表4－4　名目利子率・インフレ率・実質利子率

注：名目利子率は基準割引率および基準貸付利率（公定歩合）として定義し，インフレ率は消費者物価指数前年同月比伸び率（％）として定義した。実質利子率は前者から後者を引き算して算出した。
出所：基準割引率および基準貸付利率（公定歩合）は日本銀行公表データ，消費者物価指数前年同月比伸び率は総務省統計局より。

名目利子率の上昇率を上回る水準で上昇したため，実質利子率は大きなマイナスになったのです。この時期は名目利子率が高い水準にあったものの，実質利子率は非常に低い水準にあったことがわかります。

図表4－4からは次のような事実も読み取れます。バブルが崩壊した1990年代前半は名目利子率が下がり続け，1995年4月に1％となって以降は1％以下

59

第Ⅰ部　ビジネスとファイナンスの基礎

の低い水準で推移しました。しかし同時に，インフレ率がマイナスになる時期もあったことから，実質利子率が比較的高かった時期があったことがわかります。石油危機の時期とは反対に，名目利子率が低水準であってもインフレ率がマイナスであったため，実質的には借入れや投資をしにくい状況であった可能性があります。

4.4 将来価値と現在価値

　現在の1万円と1年後の1万円を比べると，ほとんどの人にとって現在の1万円の方が魅力的です。では現在の1万円は，1年後のいくらと等しい価値を持っているのでしょう。あるいは1年後の1万円は，現在の価値にするといくらになるのでしょう。実は両者の関係を結びつける鍵となるのがすでに学んだ利子率です。具体的に見ていきましょう。

　いま，利子率が年利5％（複利）だとすれば，期首に1万円を保有していると1年後の期末には，

$$10{,}000 \times (1 + 0.05) = 10{,}500 \text{（円）}$$

が実現します。利子率がその後も変わらないとすれば，3年後期末には，

$$10{,}000 \times (1 + 0.05)^3 \fallingdotseq 11{,}576 \text{（円）}$$

が実現します。この11,576円を，現在の1万円の3年後期末における将来価値といいます。

　今度は逆に考えましょう。現在いくら持っていれば3年後に1万円となるでしょうか。先ほど現時点の1万円に$(1 + 0.05)^3$を掛けると3年後期末のお金になったということは，現在$\dfrac{10{,}000}{(1 + 0.05)^3}$（円）持っていれば3年後期末にちょうど10,000円になります。この$\dfrac{10{,}000}{(1 + 0.05)^3}$（円）を3年後の10,000円の（割引）現在価値（present value：PV）といいます。またこのように将来のある時点のお金を現在の価値に換算することを割り引くあるいはディスカウントする

いい，その時に適用される利子率は割引率と呼ばれることがあります。図表4－1で見たように，複利計算では長期的に数値が非常に大きくなるため，遠い将来のお金を割り引く場合は，逆に非常に小さくなります。

　現在価値や将来価値の考え方は広い範囲で応用されます。ここでは1つの具体例として債券価格の理論値を取り上げましょう。いま，今後3年間にわたって利子として毎年期末に1,000円を受け取ることができ，3年後期末に10万円の元本が償還される債券を考えます。3年間にわたって利子率が2％だと予想されているとき，この債券の理論上の価格はいくらになるでしょうか。

　この債券を保有することにより発生する収益は，毎年期末に得られる利子1,000円と3年後期末に償還される元本10万円です。したがってこれらの金額をすべて足し合わせたものがこの債券の理論上の価格になるはずです。ただ注意しなくてはならないのは，現在の債券価格を求めるためには，将来発生する利子や元本をすべて現在の価値に直して足し合わせる必要があることです。理論上の債券価格を P 円とすると，現在価値の議論より次のように計算されます。

$$P = \underbrace{\frac{1,000}{1+0.02}}_{\substack{\text{1年目期末の利子} \\ \text{1,000円の現在価値}}} + \underbrace{\frac{1,000}{(1+0.02)^2}}_{\substack{\text{2年目期末の利子} \\ \text{1,000円の現在価値}}} + \underbrace{\frac{1,000}{(1+0.02)^3}}_{\substack{\text{3年目期末の利子} \\ \text{1,000円の現在価値}}} + \underbrace{\frac{100,000}{(1+0.02)^3}}_{\substack{\text{3年目期末の元本} \\ \text{100,000円の現在価値}}}$$

$$\fallingdotseq 97,116 \text{（円）}$$

　では将来の利子率が3％だと予想された場合，この債券価格はどのように変わるでしょうか。同様の計算より，

$$P = \frac{1,000}{1+0.03} + \frac{1,000}{(1+0.03)^2} + \frac{1,000}{(1+0.03)^3} + \frac{100,000}{(1+0.03)^3} \fallingdotseq 94,343 \text{（円）}$$

となります。これより他の条件を一定とすれば，債券価格と利子率は逆方向に動くことが確認できます。

4.5 金利の決まり方

　ここまで利子率がすでに決まった値をとっているものとして議論してきまし

た。ではそもそも利子率はどのようにして決定されているのでしょうか。このことを考えるには，利子率を短期と長期に分けて考えなくてはなりません。短期と長期の区別は１年が一般的ですが，短期の利子率は中央銀行がある程度コントロールすることが可能な変数です。代表的な短期金利に，金融機関が日々の資金の貸借りを行う際の金利である無担保コール・レートという金利がありますが，これは日本銀行が決定する政策金利です。

これに対し長期の金利は特定の誰かが決めているわけでなく，強いて言えば市場参加者全員が決めています。長期金利の代表として長期国債，とりわけ新発10年物国債利回りがありますが，その金利動向が他の長期金利の動きを決定づけます。たとえば多くの金融機関は住宅ローンの変動金利を４月と10月の年２回改訂しますが，金利見直し時にローン金利が引き上げられるかどうかは，その時点における新発10年物国債の利回りの水準によって判断されます。そのためローンを抱える人々や投資家は新発10年物国債の利回りの動向に常に関心を持っており，新聞やニュースなどでも日々記事が掲載されています（図表４－５）。

図表４－５　新発10年国債利回りの新聞記事

10年、横ばいの0・030%

金利

24日の国内債券市場で長期金利の指標になる新発10年物国債利回りは横ばい。22日と同じ0・030%で取引を終えた。

短期金融市場の無担保コール翌日物金利（加重平均、速報）は小幅ながら低下。前日よりも0・001%低いマイナス0・054%だった。

出所：日本経済新聞2016年11月25日朝刊16面

以上まとめると，金利の決まり方は短期と長期によって異なり，短期金利については政策的に決定されますが，長期金利は新発10年物国債の利回りによって動向が決まります。では国債の利回りはどのように決まるのでしょうか。それにはまず，債券の利回りとは何かを理解しなくてはなりません。

具体例として，図表４－６のような額面金額100円，償還金額100円（額面金

第4章　ファイナンスの基礎的概念

図表 4 - 6　新発10年物国債

```
新発10年物国債
  額面金額：100円
  償還金額：100円（額面金額100円につき）
  表面利率：年1.0%
```

額100円につき），表面利率年1.0%の新発10年物国債を考えましょう。ここで償還金額とは償還日に償還される金額をいい，表面利率とは額面金額に対して支払われるクーポン（利札）の割合をいいます。表面利率は単に利率あるいはクーポンレートと呼ばれることもありますが，すでに登場した金利や利子率とは異なることに注意してください。また税や手数料は無視することとします。

　債券は償還期限に元本が償還され，毎年額面に対して一定の利率で（つまり単利で）クーポンが支払われる有価証券です。また債券は売買可能で流通市場で取引されるため，需給動向を反映して価格がつきます。このため債券を保有していることで 2 つの利益の源泉が発生します。 1 つは毎年確実にもらえるクーポンであり，これはインカム・ゲインと呼ばれます。もう 1 つは購入時点における債券価格と償還日に償還される金額（あるいは償還前に売却する場合は売却時点における売却金額）の差によって生じる売却損益であり，これはキャピタル・ゲインと呼ばれます。

　いま仮に図表 4 - 6 の国債が100円で売買されているとき，国債の利回り（イールド）はいくらになるでしょうか。利回りは表面利率や利率，あるいは金利や利子率と似た用語ですが，異なる概念のため明確に区別してください。債券の利回りは一般に，

$$\text{利回り（\%）}=\frac{\overbrace{\underbrace{\text{年当たりクーポン}}_{\text{年当たりのインカム・ゲイン}}}+\overbrace{\underbrace{\dfrac{\text{償還価格}-\text{買付価格}}{\text{残存年数}}}_{\text{年当たりのキャピタルゲイン（ロス）}}}}{\underbrace{\text{買付価格}}_{\text{投資額}}}\times100$$

で計算されます。この式は一見複雑に見えますが，投資額に対してクーポンと売買損益の合計が年当たり何%かを計算した運用益と解釈できます。言い換え

63

ると，投じた金額に対する年間投資収益率を計算しているのです。

　実際に図表4－6の新発10年物国債の利回りを計算してみましょう。この国債を購入し，償還日まで保有すると，毎年クーポンが100円×0.01＝1円発生します。また元本償還日には100円が償還されます。したがって100円で購入した場合の売買損益は0円となります。この債券を100円で購入したのですから，利回りは，

$$\frac{\overbrace{1円}^{\text{年当たりのインカム・ゲイン}} + \overbrace{0円}^{\text{年当たりのキャピタル・ゲイン}}}{\underbrace{100円}_{\text{買付価格（投資額）}}} = 0.01 = 1\%$$

と計算されます。

　ではこの新発10年物国債を95円で購入した場合はどうでしょう。同様に考えると，クーポンは同じ毎年1円ですが，購入金額95円に対して償還日に100円が償還されるため，今度は売買益が5円発生します。新発10年物国債のため，1年当たりに直すと0.5円の収益が発生したことになります。これにより，

$$\frac{\overbrace{1円}^{\text{年当たりのインカム・ゲイン}} + \overbrace{0.5円}^{\text{年当たりのキャピタル・ゲイン}}}{\underbrace{95円}_{\text{買付価格（投資額）}}} \fallingdotseq 0.0158 = 1.58\%$$

と計算できます。最後にこの国債を105円で買った場合を考えましょう。この場合，年当たりの売買損益が－5円，年当たりでは－0.5円の損失が発生します。したがってこのときの利回りは，

$$\frac{\overbrace{1円}^{\text{年当たりのインカム・ゲイン}} - \overbrace{0.5円}^{\text{年当たりのキャピタル・ロス}}}{\underbrace{105円}_{\text{買付価格（投資額）}}} \fallingdotseq 0.0048 = 0.48\%$$

となります。以上3つのケースをまとめると，図表4－7のようになります。

第4章　ファイナンスの基礎的概念

図表4－7　新発10年物国債の価格と利回りの関係

	国債価格	年当たりクーポン （インカム・ゲイン）	年当たり売買損益 （キャピタル・ゲイン／ロス）	利回り	
低	95円	1円	0.5円	1.58%	高
↕	100円	1円	0円	1.00%	↕
高	105円	1円	－0.5円	0.48%	低

図表4－8　国債利回り（新発10年物国債），住宅ローン金利（10年固定），定期預金（預入期間10年）金利の推移（2003年7月～2016年1月）

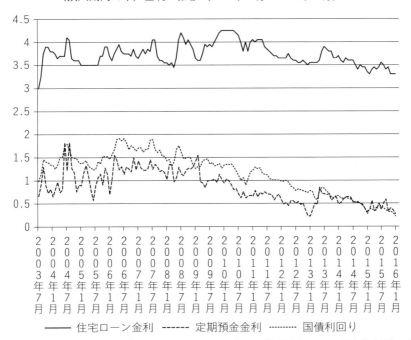

出所：10年国債利回りは財務省『国債金利情報』による。金利は「流通市場における固定利付国債の実勢価格に基づいて算出した主要年限毎の半年複利金利(半年複利ベースの最終利回り)」（財務省ウェブサイトの説明より）の日次データについて単純月平均を計算した。住宅ローン金利は三井住友銀行の固定金利特約型（10年）住宅ローン店頭金利による。（三井住友銀行ウェブサイトより）定期預金金利は日本銀行時系列統計データ『定期預金の預入期間別平均金利（新規受入分）10年総合』による。

第Ⅰ部　ビジネスとファイナンスの基礎

　この表からわかるように，利回りと国債価格は反対方向に動くという関係があります。国債価格が上がれば利回りは低下し，価格が下がれば利回りは上昇します。このことはとても重要です。なぜならすでに述べたように，長期国債とりわけ新発10年物国債の利回りは長期金利の代表的な指標であり，住宅ローンや自動車ローン，定期預金などの長期金利はすべてこの利回りを基準にして変動するからです。

　データで確認しておきましょう。図表4－8は2003年7月から2016年1月までの国債利回り（新発10年物），住宅ローン（10年固定金利），定期預金（預入期間10年）の金利の推移を見たものです。ローンの貸し倒れリスクや需給動向などを反映して水準には違いがあるものの，趨勢としては似たような動きをしていることが確認できます。

　以上，国債価格と利回りは反対方向に動くことを確認しました。では最後に，国債価格がどのような要因によって決まるのか検討しましょう。国債価格は基本的に中古市場で取引されるコンサートチケットや自動車などと同じく，需要と供給のバランスで決まります。需要が供給を上回れば国債価格は上昇し，利回り（長期金利）は低下します。この意味で長期金利を決めるのは，市場参加者全体といえます。

　なお日本政府は2015年末時点で国債902兆円，借入金55兆円，短期の国債である短期証券87兆円，政府関係機関や特殊法人発行の債券で政府が元本や利払いを保証している政府保証債42兆円など，1,000兆円を超える多額の債務を抱えています。2015年のGDP（名目）は499.1兆円であり，対GDP比では200％を超えている状況はOECD諸国の中でも際立って高い債務比率です。もし今後も財政再建が一向に進まず債務残高が積み重なると，政府の国債利払い能力に懸念を抱く人々が多くなり，国債が一気に売られて価格が暴落し，利回り（長期金利）が急騰して政府の追加的な資金調達が困難になる可能性も存在します。国債価格の暴落を財政破綻と定義するならば，日本が財政破綻するかどうかを決めるのもまた，市場参加者の動向なのです。

66

1 図表 4 - 2 のケース(c)では，10,500円で110円のリンゴを95個買うと50円余りました。名目利子率とインフレ率から実質利子率を求める一般公式としては，

$$1 + 実質利子率 = \frac{1 + 名目利子率}{1 + インフレ率}$$

あるいはこれを変形した，

$$実質利子率 = \frac{名目利子率 - インフレ率}{1 + インフレ率}$$

があります。ケース(c)の場合，名目利子率が 5 ％，インフレ率が10％のため，

$$実質利子率 = \frac{0.05 - 0.10}{1 + 0.10} = -0.04545$$

より，実質利子率は-0.45％と計算されます。

2 インフレやデフレの動向を見るには，これ以外にも企業間で取引される財・サービスの価格を指数化した企業物価指数（Corporate Goods Price Index : CGPI）や名目 GDP と実質 GDP から作成される GDP デフレーターなどが存在します。

第5章 リスクとその対策

 ビジネスやファイナンスにおいてリスクへの適切な対応が重要であることは言うまでもありません。ここではまず為替リスクを取り上げ，リスクへの対処がいかに重要か確認しておきましょう。
 図表5－1は1999年1月から2016年11月までの円ドルレートの月次終値をグ

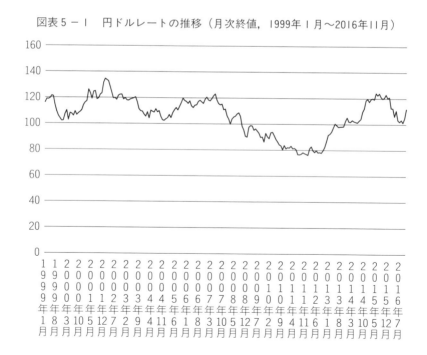

図表5－1　円ドルレートの推移（月次終値，1999年1月～2016年11月）

ラフにしたものです。2002年の１月に１ドル134円を超す円安になり，2011年後半から2012年前半にかけて１ドル70円台の円高となりました。この期間だけをとっても為替レートは大きく変動することが読み取れます。日本のように経済活動の大きな割合を輸出入に依存し，自国通貨が国際基軸通貨ではない国にとって，為替リスクに対応することはビジネス上きわめて重要な課題となることは言うまでもありません。なお国際的なビジネスの世界では事実上の国際基軸通貨であるドルを使うのが慣例であり，2016年４月時点では全為替取引に占める各通貨の割合は米ドルが43.8％で１位，ユーロが15.6％で２位，日本円が10.8％で３位となっています（BIS Triennial Central Bank Survey 2016, Table 2, p.10 より）。

　為替レートの変動が企業にどの程度影響を与えるかを見る指標に為替感応度があります。これは円が１円変動した場合に営業利益がどれだけ変化するかを示したものです。図表５－２は自動車各社の為替感応度を示しています。トヨタ自動車の場合，円ドルレートが１円円安になると営業利益が400億円増加，円ユーロレートが１円円安になると営業利益が40億円増加するとされ，図表５－

図表５－２　自動車各社の為替感応度

	前期	今期	想定レート	今期国内生産比率
トヨタ	350／50	400／40	90／120	36（39）
日産	170／0	150／0	95／122	19（22）
ホンダ	160／10	140／5	95／120	非公表（22）
富士重工	65／4	75／3	90／120	78（76）
マツダ	35／12	25／15	90／120	7割強（73）
三菱	20／10	20／10	95／125	42（40）
スズキ	8／6	5／7	90／120	32（36）

注：単位億円，ドル／ユーロの順。１円変動時の対営業利益変化額。国内生産比率は％，カッコ内は前期実績，ホンダとスズキは四輪車事業。
出所：日本経済新聞2013年６月１日朝刊 p.13より。

69

第Ⅰ部　ビジネスとファイナンスの基礎

1のような為替レートの変動が企業業績にいかに大きな影響を与えるかが読み取れます。

こうした為替変動リスクに対し，多くの企業は為替リスクを緩和する工夫をしています。ここではファイナンスと関連した手段として為替先物を取り上げましょう。

いまトヨタ自動車が車1台を輸出契約し，1年後に商品引渡しと同時に代金1万ドルを受け取るとします。もし1年後の決済時点での為替レートが1ドル＝100円であれば，受け取った1万ドルは日本円では100万円の売上となります。ところが1年後の為替レートが1ドル＝80円の円高であれば，1万ドルの車は80万円にしかなりません。逆に1ドル＝120円の円安であれば1万ドルの車は120万円となります。こうした為替レートの変動によって発生する利益や損失を，為替差益・差損といいます。

為替先物のアイデアは単純です。将来のある時点で取引する為替レートを，あらかじめ固定してしまおうというものです。1年後に1ドル＝100円でドルを売りたい人を見つけて，1ドル＝100円でドルを日本円で買う約束をしておくのです。これにより1年後の為替レートがいくらであろうが，1ドル＝100円で日本円に交換できます。

さてトヨタ自動車は，1年後に1ドル＝100円で1万ドルだけのドルを買う約束をしたとしましょう。ちなみに先物で買う約束をすることを「ロング・ポジションを取る」，先物で売る約束をすることを「ショート・ポジションを取る」ということがあります。1年後の為替レートが1ドル＝100円であれば，車の販売から得た売上1万ドルは100万円となるため，先物があってもなくても日本円での売上は変わりません。しかし1年後の為替レートが1ドル＝80円の場合，先物がなければ1万ドルは80万円になるものの，1ドル＝100円で1万ドル分のドルを買う約束をしていれば1万ドルを100万円にすることができます。また1年後の為替レートが1ドル＝120円の場合，その時の為替レートで円に交換すれば120万円となりますが，1万ドルを1ドル＝100円で買う約束をしているため1万ドルの車の売上は100万円にしかならず，20万円の損失が発生します。なお先物は第Ⅱ部で登場するオプションと異なり，約束のため必ず実行しなくてはなりません。

このように1年後の為替レートが想定したレート（この場合1ドル＝100円）よりも円高であれば輸出企業は得をしますが，想定したレートよりも円安であれば，先物を利用していなければ得られたはずの利益を失います。それでも為替先物を買っておくことで，1万ドルの売上を少なくとも100万円にすることができることは大きなメリットといえます。これによりトヨタ自動車は安心して車の価格を設定し，為替レートによる大きな損失も回避することができるからです。このように先物を購入することで為替レート変動によるリスクを低下させることを，リスクヘッジするということがあります。

5.1 リスクとリターン

リスクは一般的に避けたいものです。しかしハイリスク・ハイリターンあるいはローリスク・ローリターンといわれるように，現実にはリスクを取らなければ収益あるいはリターンが得られません。

資産についてハイリスク・ハイリターンが成立する理由は次のように説明できます。世の中には現金，預金，債券，株式，金，不動産など多くの資産が存在し，これらの組み合わせまで含めれば無数の資産が存在します。もしある資産Aが別の資産Bよりあらゆる面で魅力的ならば，資産Bは市場から淘汰されます。現金，預金などの資産が同時に取引されているのは，それぞれの資産が何らかの点で他の資産を上回る魅力を持っているからに他なりません。

一般に資産の特性として収益性，リスク，分割可能性，流動性の4つが挙げられますが，このうち比較的なじみの薄い分割可能性と流動性について簡単に説明しておきましょう。まず分割可能性とは，その資産をどの程度小さな単位に分割できるかを示す概念です。現金や普通預金は1円単位まで分割できますが，株式は売買単位が銘柄ごとに1,000株などと決められており，現金よりは分割しにくい資産です[1]。また土地や建物は通常分割が困難なため，分割可能性は非常に小さな財といえます。もちろん投資家にとって分割可能性が高いほど望ましいことになります。

次に流動性とは，どの程度スムーズに現金に交換できるかを表す概念です。定義上，現金は完全な流動性を持つ資産です。現金以外の資産はみな，売却を

決めてから実際に売却されるまでにさまざまなコストがかかります。株式は売却したいと思っても希望する価格ですぐに売れるとは限らず、売却できたとしても手数料や時間的コストがかかります。土地や建物の場合は取引相手を見つけたり価格交渉したり契約したりする必要があり、さらにコストがかかるでしょう。もちろん、流動性が高いことは投資家にとって好ましい性質といえます。

さて資産の取引市場が正常に機能している限り、ある資産が他の資産より4つの特性すべてにおいて優れているということはあり得ません。たとえば現金はリスクが低く流動性や分割可能性の高い資産ですが、収益性は非常に低い資産です。これに対し土地は分割可能性や流動性が低い資産ですが、現金よりも高い収益性が見込まれます。それぞれの資産は何らかのメリットを持つ一方で何らかのデメリットを有し、そのため無数の資産が共存できるのです。ハイリスク・ハイリターンは、正確には分割可能性と流動性が同程度の資産について成立する関係といえることがわかりました。

以下では2つほど例を取り上げながら、リスクとリターンの関係について検討していきましょう。なお第II部で紹介するように、ファイナンスにおけるリスクとリターンという用語には明確な定義が存在しますが、ここでは直感的に「リスク＝変動が大きいこと」、「リターン＝収益率が高いこと」という程度に理解した上で話を進めましょう。

1つ目の例として、身近な金融商品である定期預金と株式の関係についてみてみます。定期預金は資産の中でも比較的安全な資産とされるのに対し、株式は比較的リスクの高い資産です。ハイリスク・ハイリターンが成立しているならば、株式から得られるリターンは定期預金から得られるリターンよりも高いはずです。もちろん本来は資産の特徴である分割可能性と流動性も考慮した上で株式と定期預金のリスクとリターンを比較すべきですが、ここでは株式も定期預金も分割可能性は比較的低く、流動性は比較的高いという意味で似たような資産とみなし、議論を進めることにします。

図表5－3は1986年から2010年までの株式収益率（東京証券取引所第1部上場企業についての月間市場収益率）と定期預金金利（預入期間6ヶ月から1年未満の商品の月次平均）の推移を示したものです。これを見ると株式収益率は

第 5 章　リスクとその対策

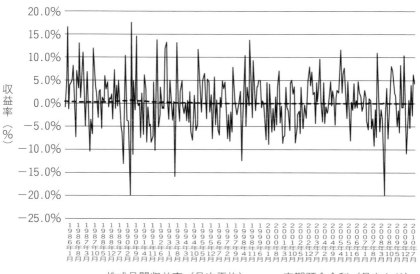

図表 5 − 3　株式収益率と定期預金金利（1986年～2010年）

― 株式月間収益率（月次平均）　---- 定期預金金利（月あたり）

注：1986年から1993年までは 6 ヶ月以上 1 年未満・預入金額 1 千万円以上の定期預金預入期間別平均金利（新規受入分）国内銀行（信託子会社・外銀信託を除く）のデータ。1994年から2010年までは 6 ヶ月以上 1 年未満・定期預金の預入期間別平均金利（新規受入分）総合のデータ。定期預金金利は幾何平均により年利を月あたり金利に変換した。

出所：株式収益率は日本証券経済研究所『株式投資収益率』2010年版（2011年 5 月刊行）にある「市場指標→第一部指標→市場収益率」にある「月間市場収益率（加重平均，月率)」のデータ。定期預金金利は日本銀行時系列統計データ『預金・貸出関連統計』より。

激しく変動しているのに対し，定期預金金利はきわめて安定的に推移していることがわかります。つまり株式はリスクが大きく，定期預金はリスクの小さな金融商品であることが読み取れます。

リスクの大きな株式は，リスクの小さな定期預金よりもリターンが大きくなっているでしょうか。グラフからはわかりにくいため，一定期間ごとに区切った平均収益率を見てみましょう。

図表 5 − 4 は 5 年間ごとに月あたり収益率の平均を比較したものです。これを見ると，バブル期の1980年代後半には株式収益率が定期預金の収益率を大きく上回ったものの，バブル崩壊後の「失われた10年」といわれた1990年代を通

第Ⅰ部　ビジネスとファイナンスの基礎

図表 5 - 4　期間ごとの平均収益率

	1986-1990	1991-1995	1996-2000	2001-2005	2006-2010	1986-2010 (全期間)
株式収益率（％）	1.12％	0.11％	−0.14％	0.64％	−0.70％	0.21％
定期預金金利（％）	0.40％	0.27％	0.03％	0.01％	0.04％	0.15％

注：いずれも月あたり収益率・金利の平均である。

じて株式収益率は定期預金の収益率を下回っています。その後低金利が続いた2000年代前半に再び株式収益率は定期預金の収益率を上回りましたが、後半は2008年のリーマン・ショックの影響で再びマイナスに転じていることがわかります。このように 5 年ごとの収益率でみても株式がリスクの高い資産であることがわかりますが、全期間（1986年 1 月～2010年12月）の平均では、株式からは0.21％の収益率が得られたのに対し定期預金では0.15％と、それなりの差が生じていることがわかります[2]。これより少なくとも長期的には、やはりリスクとリターンの間には正の関係があるといえそうです。

　リスクとリターンの関係について、もう 1 つ例を見ておきましょう。株式には値動きの比較的激しい銘柄もあれば、あまり変動しない銘柄もあります。一般にベンチャー企業などの株価は変動が大きく、電気・ガス会社などの公益・規制産業の株価は変動が小さく、鉄鋼や電機といった企業の株価はその中間に位置づけられるといわれます。もしこうした株価変動の違いがある程度安定的に観察されるならば、株価変動の激しい銘柄から得られるリターンは、株価変動の小さな銘柄から得られるリターンよりも大きくなっているはずです[3]。

　図表 5 - 5 はそれぞれ東京証券取引所第 1 部の上場銘柄について、2000年 1 月から2010年12月の産業別月次収益率のデータを用いて、リスク（月次収益率の標準偏差）とリターン（収益率）を計算してグラフにしたものです。これによるとデータはかなりばらついているものの、大まかにはリスク（産業別株式の収益率のばらつき）が大きいほど、その期間の平均収益率は高くなっている関係がみられるといってよいでしょう。 2 変数の直線的関係の強さを表す相関係数を計算すると0.42であり、弱い正の相関関係が認められます。このように

74

図表 5 − 5　産業別株式のリスクとリターン（東証第一部，2000年1月〜2010年12月 月次収益率から計算）

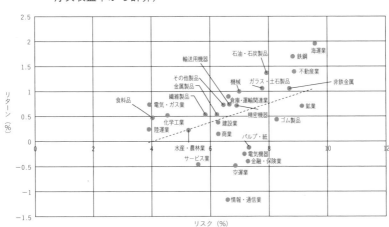

注：収益率の平均値を「リターン（％）」，収益率の標準偏差を「リスク（％）」として計算した。相関係数は0.42。
出所：日本証券経済研究所『株式投資収益率』2010年版（2011年5月刊行），東京証券取引所第1部の産業別月間収益率のデータより。

株価変動の大きな銘柄ほど平均的には高いリターンが得られており，株式市場においてもやはりリスクとリターンの間には正の関係があるといえそうです[4]。

5.2　リスク回避度

　以上，リスクとリターンの間には正の関係があることを見てきました。リスクとリターンの関係は市場取引を通じて決まるため，個々の投資家はその関係を変えることはできませんが，どのような資産の組み合わせを選ぶかという点において，投資家は自らのリスクに対する許容度に応じて最適な組み合わせを自由に選択できます。株式や外貨預金など比較的リスクの高い資産を多く保有することを好む投資家もいれば，国債や定期預金など比較的リスクの低い資産を多く保有することを好む投資家もいます。こうした違いはどのように説明できるのでしょうか。以下ではリスクに対する態度の違いを表現する概念について説明します。なおどのような金融資産をどのような割合で保有するかは，ポー

第Ⅰ部　ビジネスとファイナンスの基礎

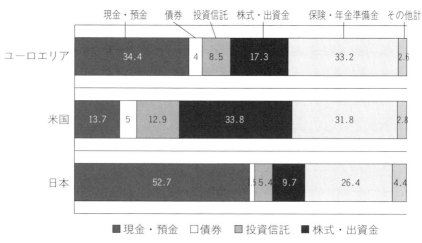

図表 5 − 6　家計の資産構成

注：グラフの割合はすべて金融資産合計に占める割合を示す（％）。
出所：日本銀行調査統計局「資金循環の日米欧比較」（2015年12月22日）の図表 2 の数値をもとに筆者作成。

トフォリオという言葉で表されます。

　図表 5 − 6 は2015年における日本・米国・ユーロエリアの家計の資産構成を示したものです。これによると日本では資産の半分強を現預金で保有しており，次いで割合が高いのは保険・年金準備金の26.4％です。比較的リターンが高い株式は9.7％，債券は1.5％と比較的小さな割合に過ぎません。これに対し米国では現預金の割合は13.7％に過ぎず，株式の割合は33.8％とかなり高くなっています。ユーロエリアは，現預金比率と株式・出資金比率に関しては，日本と米国の中間的な位置づけといえるでしょう。

　このような資産構成の違いが生じる理由については，実証的によくわかっていない部分も大きいのですが，1 つの説明としてリスクに対する態度の違いということが挙げられます。経済学ではこうしたリスクに対する態度の違いをリスク回避度という概念で表現します。リスク回避度のより厳密な定義は第Ⅱ部で扱われるため，ここでは大まかなイメージとして，リスクを嫌う人をリス

回避的，リスクを進んで引き受けようとする人を**リスク愛好的**，リスクを気にしない人を**リスク中立的**と理解しておくことにします。

　経済学では消費者や家計はリスク回避的と想定するのが一般的ですが，手元資金が豊富な大企業はリスク中立的な存在であると想定することがあります。潤沢な資金を保有し，多くのプロジェクトを手掛けている企業であれば，個々のプロジェクトから発生する小さな損得の変動よりも，プロジェクト全体として平均的にどれだけ利益が上がるかに関心があるかもしれません。だとすればこの企業はリスク中立的にふるまう可能性があります。

　話を図表5－6に戻しましょう。仮に日本人が米国人よりもリスク回避的だとすれば，日本人は資金のより多くの割合を現預金や保険・年金準備金のような安全資産に振り向け，株や投資信託といった高リスク資産にはあまり振り向けないため，図表5－4の資産構成の違いについての1つの説明となります。確かに日本人は米国人よりも慎重で危険を避けたがる人が多く，ヨーロッパの人々がその中間だという主張は，なんとなく雰囲気的に正しいような気がします。ただしこの説明では，なぜ日本人が米国人よりリスク回避的なのか何ら理由が提供されておらず，説明として不十分といえるかもしれません。

　また図表5－6のような国際比較は，各国の制度などさまざまな要因が影響しており，単純な比較は困難であることにも注意が必要です。たとえば日本では少額貯蓄に対する優遇制度（通称マル優）が存在し，1987年まではすべての個人を対象に預金や郵便貯金，公債から得られる利子所得に対する課税が実質的に免除される制度が存在しました。このため日本では，マル優が適用される限度額まで貯蓄する強い誘因が存在し，この制度が高い預金比率につながっている可能性があります。また日本では生命保険料，介護保険料，個人年金保険料を支払った場合に一定の所得控除を受けることができることもあって，掛捨型よりも積立型の保険に対する需要が大きく，保険が貯蓄の役割を一部担っているという議論があります。さらに2014年1月より株式や投資信託への投資から得られる所得に対する課税を一定額まで非課税にする制度（少額投資非課税制度，NISA）が開始されましたが，同様の制度はイギリスですでに1999年に開始されています。こうした国ごとの制度の違いが資産構成の違いに影響を与えている可能性があり，より厳密に検討するためにはこうした制度的差異を考慮

した上で比較しなくてはなりません[5]。

5.3 保険

　最後に，一般的なリスクへの対応策の1つとして**保険**を取り上げましょう。以下では保険がどのような原理で成立しているのかを説明したのち，保険市場に特有の問題について検討します。

5.3.1 保険の原理

　保険の原理を説明するための例として，火災リスクに対する保険を考えます。現実的な数字とはいえませんが，説明を簡単にするため，ある家屋は30万円の価値があるものの，1年間に$\frac{1}{3}$の確率で火災に遭い，火災が起きると家屋の価値がゼロになるとします。

　図表5-7には火災が起きたときと起きないときの資産価値のばらつきがグラフで表現されています。ここで横軸は資産価値を表し，縦軸は確率を表しています。格子の棒グラフで表されるように，確率$\frac{1}{3}$で火災に遭って家屋の価値は0円となり，確率$\frac{2}{3}$で火災が起きず家屋の価値は30万円となります。このとき天秤を支える点，すなわち資産価値の平均は20万円となります[6]。このように火災リスクは将来の資産価値を変動させる要因となっています。

図表5-7　火災リスクによる家屋の価値のばらつき

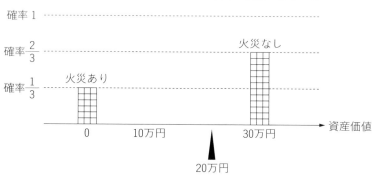

注：横軸の「資産価値」は手元に残るお金を意味する。

次に、この火災リスクに対する保険が売り出された状況を考えましょう。具体的には、「火災に遭えば家屋の価値30万円分を全額保険金でお支払いします」という保険契約が年間保険料10万円で販売されたとします。ただし保険は掛捨てで、火災の有無によらず10万円の保険料は戻ってこないものとしましょう。このとき火災が起きると家屋の価値30万円はゼロになりますが、同額の保険金が支払われます。ただし保険料の10万円を支払っていますので、結果20万円が手元に残ります。火災が起きなければ家屋の価値は30万円のままですが、掛捨保険料の10万円は戻ってこないため、手元に残るのはやはり20万円となります。このように、保険を購入した場合は火災が起きても起きなくても、20万円が手元に残ります。保険を買った場合の資産価値のばらつきをグラフで表現すると、図表5－8の斜線の棒グラフのように、確率1で20万円が得られます。

以上より次の2つのことがわかります。まず保険があってもなくても天秤の支柱の場所、すなわち「平均的に」手元にいくら残るかは変わりません。この意味では保険を購入することで得をするわけでも損をするわけでもありません。次に、保険契約を購入すると手元に残る資産価値のばらつきを大幅に抑えることができます。この場合は保険を購入することでリスクはゼロになっています。

ここで次の2つの疑問が生じます。1つは、契約者は本当に10万円を支払ってこの保険契約を購入するかという問題です。その答えは、少しでもリスク回

図表5－8　火災リスクによる家屋の価値のばらつき

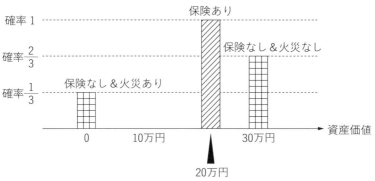

注：横軸の「資産価値」は手元に残るお金を意味する。

避的な人であれば購入する，です。なぜなら保険がない場合の家屋の残存価値の期待値は20万円ですから，リスク回避的な人は10万円支払って確実に期待値の20万円が得られるならば，よりリスクの低い保険購入を選ぶからです。リスク回避度が高い人であればあるほど，さらに高い保険料を支払ってでもこの保険契約を購入しようとします。一般に，人々や家計はリスク回避的であると想定されるため，保険契約は多くの人々にとって魅力的な商品ということになります。

　2つ目の疑問は，保険会社がこうした保険契約を販売することが，持続可能なビジネスとして成立するかという点です。つまりこの保険契約を販売することで保険会社は利益を得られるか，という問題です。これについても答えはイエスです。いまこの地域には3,000世帯が住んでおり，全世帯が保険を購入したとします。年間保険料は10万円であるため，保険料収入は10万円／世帯・年×3,000世帯＝3億円／年となります。一方，$\frac{1}{3}$の確率で火災が発生するとすれば，このうち年間1,000世帯が火災に遭い，保険金支払いは30万円／世帯・年×1,000世帯＝3億円／年となります。この金額はちょうど保険料収入と等しくなります。このように，受け取った保険料がすべて保険金として支払われるケースにおける保険料は，保険数理的に公平な保険料といいます。実際は保険販売にまつわる多様な事務コストが必要になりますが，先に述べたように，契約者がリスク回避的であれば，多少余分に支払ってでも保険契約を購入しようとします。その分の保険料収入が事務コストを上回る限り，保険ビジネスは成立するのです。

　先の例では，各世帯が1年間に火災に遭う確率は$\frac{1}{3}$としたため，もし契約者が1世帯しかいなければ，ある年に保険金を支払う確率は$\frac{1}{3}$，保険金額を支払わない確率は$\frac{2}{3}$となり，保険会社もまた大きなリスクを抱えることになります。しかし大数の法則は，契約者が多くなるにつれて高い確率で保険金支払額の期待値が出現することを保証してくれます。保険ビジネスはまさにこの法則に立脚したビジネスといえるのです。

5.3.2　逆選択とモラルハザード

　ここまで保険会社は各世帯が同じ火災のリスクに直面しており，したがって

第5章 リスクとその対策

保険会社は個々の契約者の火災確率を見積もる必要のない状況を考えました。しかし実際には，契約者のリスクは世帯によって異なります。火災に遭う確率は，たとえば家屋が木造か鉄筋コンクリートか，調理器具がガスコンロかIHか，居住者が火の取り扱いに慎重な人かどうかといった，さまざまな要因に依存して異なるはずです。しかし保険会社はこれらの情報を必ずしも入手できない可能性があります。火の取り扱いに慎重かどうかは目に見える情報ではありませんし，契約者が本当はガスコンロを使っているのにIHを使っていると虚偽の申告をするかもしれません。このように，一方が取引の結果に影響を及ぼす情報を把握しており，他方がそれを把握できないような状況は，情報の非対称性と呼ばれ，一方だけが持つ情報は私的情報といわれます。保険市場は情報の非対称性が取引に重要な役割を果たす典型的な市場の1つと考えられてきました[7]。

　保険市場に情報の非対称性が存在する場合，何が起きるでしょうか。先ほどの火災保険の例で，火災に遭う確率は3,000世帯全体では$\frac{1}{3}$ですが，個々の世帯が火災に遭う確率はバラバラだとします。また各世帯は同様にリスク回避的だとします。このとき保険会社がこの町全体の平均的な火災確率を踏まえて，保険数理的に公平な保険料である10万円を提示したとすると，保険に加入するのは町の平均的な火災確率である$\frac{1}{3}$よりも火災確率が高い世帯となり，それより火災確率の低い世帯は加入しないため，結果的に保険金支払いは増加します。保険会社が損害率の悪化に対応すべく保険料を上げると，契約者のうち比較的リスクの低い契約者から契約を解消し，残るのはリスクの高い契約者ばかりとなってしまいます。このプロセスが続くと，最悪の場合，保険市場は崩壊してしまう可能性があります。このように，保険会社が契約者の情報（ここでは火災確率）がわからないためにリスクの低い契約者が加入できなくなってしまう現象は，逆選択あるいは逆淘汰と呼ばれます。

　逆選択が問題なのは，情報の非対称性がなければそれぞれの契約者のリスクに見合った保険料を提示して保険契約を締結することで契約者も保険会社も得をする状況を作り出せるにもかかわらず，情報が非対称であるために加入できない人々が生まれてしまう点にあります。言い換えると，情報の非対称の存在により本来行われるはずの市場取引の一部が妨げられてしまうのです。この意

味で，情報の非対称性は**市場の失敗**を引き起こす1つの要因となります。

　また次のような問題も発生します。保険に加入している世帯は，火災による損害が保険によってカバーされるため，契約期間中の火の用心やガス器具の点検などを怠るかもしれません。この場合，当初予想されていた火災の確率が保険に入ることによって上昇してしまい，結果的に支払保険金が多くなってしまう可能性があります。こうした問題は，**モラルハザード**と呼ばれます。なおモラルハザードは，新聞などで「倫理（感）の欠如」や「道徳（感）の欠如」と訳されることがありますが，経済学におけるモラルハザードは，あくまで保険に加入することでリスクを避けるインセンティブが（保険に入っていない場合より）低下してしまう現象を指すものであり，倫理や道徳といった価値観は入っていないことに注意してください。

　上の2つの問題は次のように解釈することもできます。逆選択が発生するのは，契約者の「情報」（ここでは火災確率）がわからないことであり，モラルハザードは契約者の「行動」（火の元に気をつけているかどうか）がわからないことに起因します。したがって逆選択は「隠された情報」により，またモラルハザードは「隠された行動」により引き起こされる問題といえます[8]。

　こうした逆選択とモラルハザードの脅威に対し，保険会社は多様な方法で対処しています。たとえば生命保険契約では，喫煙習慣のある人や糖尿病・高血圧といった持病がある人に対して保険料が高く設定されています。また自動車保険でも車種や年齢，走行距離など，事故確率と相関のある変数を観察することでリスクに応じた保険料が提示されています。契約者は提示されたメニューの中から自分に合った保険契約を選びますが，契約者の観察可能な属性に応じて保険料を区別することは，**スクリーニング**と呼ばれ，逆選択を緩和するための1つの手段として理解されています。逆選択を緩和するもう1つの方法として，**グループ保険**も重要です。たとえば医療保険では，同じ会社の人達に一括して保険に入ってもらうことで全体としてリスクをプールして逆選択を防止しています。

　モラルハザードに対しては，**等級別料率**が設定されることがあります。自動車保険では保険金請求があった場合に翌年の等級が下がって保険料が上昇する制度が使われていますが，これは保険加入後に安全運転や盗難防止の努力を怠

ることを防止するための1つの手段です。また自動車保険や医療保険では，**免責**が設定されています。免責とは保険金支払い時に保険金の一部を自己負担させるシステムですが，これにより保険金請求のコストを高めて加入後のモラルハザードを防いでいます。

5.3.3　逆選択・モラルハザードへの政策的対応

　逆選択とモラルハザードの区別は，政策的対応の違いという意味でも重要です。いま，火災のリスクについて保険会社と契約者の間に情報の非対称性が存在し，リスクの高い家計とリスクの低い家計の2タイプがいるとします。保険会社は目の前の契約者がどちらのタイプか見分けられないため，両者の平均的なリスクに見合った保険料を提示するしかありません。このときリスクの高い家計は火災保険を購入しますが，リスクの低い家計は購入せず，逆選択が発生することになります。

　この状況に対して，政府はどのような政策を採ることができるでしょうか。そもそも契約者の情報がわからないことに端を発しているこの問題に対し，政府が保険会社よりもうまく対応できるという理由はとくに見当たりません。ただ，保険会社にはできないものの政府には可能な解決方法が存在します。それは全員を強制的に火災保険に加入させることです。これを**強制保険**といいます。全員を加入させ，支払保険金を全体でカバーできるように保険料を設定することで，どちらのタイプの家計も保険に加入できることになります。

　実際日本では，強制加入の保険がいくつか存在します。自動車保険は一定の限度額までの対人事故を補償する自動車損害賠償責任保険（自賠責保険）への加入が義務付けられており，医療保険・年金も1961年以来，少なくとも名目上は全員が加入することになっています。また介護保険も2000年から40歳以上すべての人々が被保険者になることが義務付けられました。こうした強制加入により潜在的な逆選択の可能性は解消されます。日本で自賠責保険や年金，医療，介護保険を強制加入とする主要な学問的論拠の1つが逆選択の可能性なのです[9]。

　逆選択が強制加入により対応可能なのに対し，「市場の失敗」の原因がモラルハザードの場合は，政府がその「失敗」を緩和・改善できる余地はほとんどあ

83

りません。すでに述べたようにモラルハザードの可能性に対して保険会社は免責金額を設定して保険金支払い時に一部自己負担させたり，保険金請求があると翌年以降の保険料を割り増しする等級別料率を設定したりするなど，さまざまな仕組みを開発することでモラルハザードの緩和に努めています。こうした仕組みは，保険会社の競争や創意工夫の中から生み出されたものであり，その背後には多くの試行錯誤や実務的ノウハウが存在していることはいうまでもありません。ところが保険ビジネスを営むわけではない政府の場合，能力とインセンティブいずれの面でも，そうした創意工夫を民間保険会社よりもより良くできる理由はとくに見当たりません。したがってモラルハザードの場合には政策的介入により「市場の失敗」を緩和することは困難だといえます。以上のように逆選択とモラルハザードでは，政策的対応の可能性の点でも大きな違いがあるのです。

---

1 ただし多くの証券会社は，個人投資家が売買しやすくするため各銘柄の売買単位の10分の1で売買できるミニ株投資と呼ばれる商品を提供しています。

2 ここでは株価変動のみを使って収益率を計算していますが（こうした値上がり益による収益をキャピタル・ゲインといいます），株式を保有することにより他にも配当や株主優待の形で収益（インカム・ゲイン）が得られるため，実際の収益率はさらに高くなります。

3 ただしのちに説明されるように，個別の株価変動リスクはいろいろな株式を組み合わせたバスケット（ポートフォリオ）に値動きの異なるタイプの株式を入れることで減らすことができます。したがって株価の変動を考える際には，その株自体の価格変動だけでなく，マーケット全体の変動との関係においてどのように変動するか（共分散）が重要になります。ここではこうした側面を考慮せず，単純にリスクとリターンの関係を眺めています。

4 ここではかなり大雑把な形でリスクとリターンの関係を見ていますが，本来は株式市場全体との関係でその株式がどのようなふるまいをするかといった点をきちんと考慮する必要があります。

5 これ以外に指摘される理由として，金融教育あるいは金融リテラシーの差が指摘されることもあります。欧米では児童や生徒に対する金融経済教育が行われていることが珍しくなく，日本と比べて金融教育が進んでいるといわれます。

6 第Ⅱ部で扱うように，正確には期待値が20万円となります。

7 情報の非対称性が重要な役割を果たすのは保険市場だけではありません。古典的な例としては，1970年に米国の経済学者 G. アカロフが論文の中で例示した中古車市場があります。一般に，中古車の売り手は所有する中古車の品質について十分な知識を持ちますが，買い手は売り手ほど多くの情報を持たないでしょう。たとえば燃費がどの程度か，事故歴に偽りがないか，車内は清潔かどうかといった点は，中古車の品質を決める重要な要素と考えられますが，買い手は取引の際に必ずしもそうした情報を手に入れることができません。このような状況で中古車の取引が行われると，本来取引されることが望ましい取引が行われなくなるという意味で「市場の失敗」が発生する可能性があります。

8 このような分類をしたのは米国の経済学者 K. アローです。また逆選択とモラルハザードの違い
　は，契約前の情報がわからないか，契約期間中の情報がわからないかの違いと区別することもできま
　す。
9 もちろん，強制加入の学問的裏付けは逆選択の可能性のみではありません。たとえば人々が近視眼
　的で退職後のことを十分考慮して貯蓄を行えないとすれば，退職後に備えて強制的に貯蓄する制度は
　結果的に人々の厚生を高める可能性があります。

第II部

資産価格の捉え方

第 **6** 章
資産価格の形成

　第II部では，資産価格の決定に関する基本的な概念を整理し考え方を習得します。本章では金融市場，株式，債券，デリバティブズなどの基本的な概念を整理することからはじめます。

6.1 | 貯蓄と投資

　まずは家計による貯蓄と企業による投資の定義を行います。私たちは就業すれば労働所得などを得ますが，それらのすべてを消費にあてるわけではありません。将来の結婚資金，子供の養育費，あるいは定年後の資金といった将来生じる支出に備えた蓄えを行う必要があります。これが**貯蓄**と呼ばれるものです。言い換えれば，現在手にしている資源より少なく消費し，将来に資源を移すことで，将来，より豊かな消費活動を行うことができるようになります。

　この問題を考えるために，まずはファイナンスにおける**フロー変数**と**ストック変数**について整理しましょう。フロー変数とは一定期間内の資金の流入や流出を捉えます。一方で，ある時点での貯蔵量を捉えるのがストックです。企業は生産設備の維持や拡大のために**投資**を行いますが，投資は一定期間の間にどれだけ行ったかという視点で測りますので，フロー変数になります。一方で，投資は過去からのものが蓄積されながらも，経年劣化によって減耗していく部分もあります。すなわち企業のこれまでの投資が蓄積された分が**資本ストック**となります。将来企業がより豊富な資源を生産するためには，現在の利用可能な資源を投資として利用し，企業の資本ストックの拡大を測ることを通じ生産

89

規模を拡大する必要があります。

　議論を単純化するために自給自足経済（autarky economy）を考えてみましょう。偶然，漂着した島には米を生産するために必要な設備がすべてそろっています。また，生産もしくは消費に用いることが可能な米が1,000kg落ちていたとしましょう。もちろん，脱穀し精米すれば，食べることができます。しかし，食べ尽くしてしまえば，文字どおり飯の種が尽きてしまうことになります。生き延びるためにも何とかしてこの米を増やすことを考えましょう。発芽させ種まきすれば来年になれば再び新米を食べることができます。つまり，生産活動を行うことによって，漂流者は消費を行う家計であると同時に，生産活動を行う企業にもなるのです。

　今年は毎日1kgずつ米を食べるために，365日分の365kgを消費にあてるとしましょう。すると残りの635kg（＝1,000kg−365kg）は貯蓄になると考えることができます。家計として考えれば，この個人は635kgの貯蓄を行っていることになります。一方で，この個人は635kgの米を利用して将来の生産活動に従事する企業でもあります。つまり，この635kgの米の種は投資にあてられ将来の成果を生み出すのです。

　しかし，金融市場がある場合には私たち貯蓄主体としての家計は必ずしも投資主体の企業である必要はありません。すなわち，前章までに学んできたように，金融市場はこのような消費を行う家計と，投資を行う企業を分離し，資源を家計から企業へと配分する役割があります（所有と経営の分離）。言い換えれば貯蓄活動だけに着目すれば起業する必要もなければ，経営のプロフェッショナルである必要もなければ，自分自身で設備投資および生産活動を行う必要もありません。ただ，資金市場で資金を供給しさえすればよいのです。資金を提供する引き替えに，将来企業の投資からもたらされる成果を得ることが期待できます。同時に，投資活動における必要な資金を企業自身が用意する必要もありません。金融市場で資金を需要すればよいのです。その代わりに将来生み出される成果を資金提供者に還元することになります。

6.2 現物資産と金融資産

次に，現物資産と金融資産の違いを考えましょう。先に述べたように企業は投資として**現物資産**（real assets）を保有し資本を形成します。そして資本が将来の生産物を生み出すと考えることができます。ここでの現物資産とは企業が保有する工場や機械などを想像してください。つまり，企業の投資とは現在どのような現物資産を増やすかを決定することに他なりません。一方で，家計の貯蓄手段としては企業が将来生み出す資源に対する請求権（＝証券）を購入することが挙げられます。このような証券がいわゆる**金融資産**であり，具体的には株式や債券などが挙げられます。資産価格理論では，金融資産についての分析が中心的な焦点となります。金融市場ではこのような金融資産が発行され，取引されます。企業が保有する現物資産が生み出す将来資源に対する請求権を取引する場であると考えることもできます。

6.3 金融資産のクラス

第II部で扱われる金融資産についての分類分けを再度確認しましょう。**確定利付き証券**とは額面と呼ばれる償還額が保証され，毎期一定額のクーポンが付与され，支払いの期限である満期が設定された証券です。ただし，ここで額面額が一定であるとしても，倒産などの理由で返済が不可能になる**債務不履行リスク**（default risk）が存在することに注意しましょう。

確定利付き証券が取引される市場を，満期が1年未満かそれ以上かで分類します。満期が1年未満である確定利付き証券が取引される市場は**短期金融市場**と呼ばれ，短期国債，譲渡性預金，コマーシャルペーパーなどが取引されています。また，1年以上の場合，**債券市場**と呼ばれ，長期国債，社債などが取引されています。

ここまで学習してきたように**株式**とは会社の所有権を表します。その主な権利としては，経営陣への投票など，年1回の株主総会における議決権および会社の残余財産に対する請求権が挙げられます。**残余財産**とは，企業が原材料費，

人件費，元本および利息の返済など支払うべきものをすべて支払い終えた後に余ったお金であると考えればよいでしょう。また，**株主有限責任制**とはたとえ会社が多額の債務を抱えて倒産したとしても，株主にはその債務の負担が及ばないことを意味します。有限責任制の利点として，人々に対し株式市場への参加を促すことができるのです。このような株式は上場企業については証券取引所で取引されています。

デリバティブズとは金融派生証券と呼ばれる証券です。前者の2つにくらべると構造が少し難しくなります。まず，デリバティブズとは，その価格が外国為替，株式，債券などといった**原資産**の価格に依存して決定される金融商品です。通常は原資産の売買に関する権利および義務に関わる契約となります。デリバティブズの種類を大まかに分類すれば，現時点で将来の売買契約を決めてしまう**先物・先渡取引**，将来の一時点もしくはある一定期間の間に"原資産を売買する権利"を売買する**オプション取引**，異種通貨間あるいは異種金利間の交換取引である**スワップ取引**が挙げられます。取引方法も，1対1で契約を行う**相対取引**であったり，複数の市場参加者による**市場取引**で行われるなどバラエティがあります。

デリバティブズの役割として，将来の価格を現時点で固定化することによって将来起こりうる損失を回避することができ，また，一定の保険料を支払うことによって将来の起こりうる損失を他者に移転することができるという意味での**リスクコントロール**の役割があります。また，将来の株価，為替レート，債券価格などを予測しながら取引を行うため，そのような原資産に対する市場参加者の価格に対する期待が市場に集約されます。その意味で**価格発見機能**があると考えられています。金融危機が起こるたびに，悪玉論として登場するデリバティブズですが，あくまでこれらは道具に過ぎません。デリバティブズを単体で投機目的として利用すれば多大なリスクを負いかねません。道具は使い方が重要であり，取り扱い上の注意が必要です。

6.4 投資プロセス

このような金融資産に直面し，私たちはどのように資金を運用するべきで

しょうか。ここでいくつか重要な概念を整理しておきましょう。ポートフォリオとは投資家のすべての金融資産が入ったバスケットの集合全体であると考えることができます。そのバスケットの中では確定利付き証券や株式といった各金融資産をどのような比率で選択すべきかという**資産選択**が行われているはずです。さらには各金融資産内において**証券選択**としてどのような個別証券を選ぶべきかといった選択も行われているはずです。これらは貯蓄を行う家計が考えなければならない問題です。この後の章ではポートフォリオ理論，資本資産価格評価モデルなどの伝統的なファイナンス理論の考え方を用いて，これらの考え方を習得します。

6.5 | 裁定と均衡の考え方

資産価格の決定における基本的なアイディアとして裁定と均衡の考え方を理解しましょう。まずはファイナンス分野において，しばしば登場する最重要概念である**無裁定条件**について理解を深めましょう。無裁定条件の成立は，同一同質の証券には同じ価格が付くという一物一価の法則の成立を意味します。たとえば，ある企業の株式銘柄がA市場，B市場それぞれで取引され，いずれの市場でも自由に売買できるとしましょう。仮に，A市場では1,000円，B市場では1,200円で取引されているならば，私たちはどのように行動すべきでしょうか。このような状態では，当該企業の株式銘柄という同一同質の株式でありながら異なる価格が付くという意味で**一物一価の法則**が成立していないことがポイントです。このとき私たちは安く買うことができるA市場で1,000円で購入し，高く売ることができるB市場で1,200円で売却すればよいのです。すると，私たちは，1株の売買により200円儲けることができます。あるいは，1,000単位で売買したらどうでしょうか。価格が変化しなければ200円×1,000単位で20万円儲けることができます。このような時間やリスクといった対価を支払うことなく儲けが得られる機会を**裁定機会**と呼びます。すなわち，私たちの好みに依存することなく，儲けを得ることができるポジションとなります。

一方で合理的な投資家は無数に存在するはずです。言い換えれば，皆がA市場で購入し，B市場で売却しようとするでしょう。このとき，A市場では需要

が高まるため，価格が上昇するはずです。同時に B 市場では供給が増大するため，価格が下落するはずです。A 市場と B 市場において価格差が存在する限り，私たちはその差額を狙った取引を行い続けるはずです。このような市場の価格メカニズムが機能することによって，このような裁定機会はやがては消えてしまうでしょう。では，どれくらいの期間でこのような機会は消えるのでしょうか。人々は合理的にこのような儲けの機会を常に狙うはずですから，裁定機会が発生したとしてもただちに消えてしまうはずです。英語では No free-lunch condition とも呼ばれ，ただで食べられる食事など存在しないことを意味します。

　また，経済学では，均衡という考え方がよく用いられます。この考え方はファイナンス分野においてもとても重要な役割を果たします。先に挙げた裁定という考え方は何の対価も支払わずに儲ける機会は存在しないというものです。均衡とは市場において，需要や供給が一致している状況を表します。アダム・スミスの神の見えざる手が意味するように，市場において価格が変化することによって需要と供給が一致する状況へと導かれます。たとえば，供給に対し需要が上回る超過需要になれば，価格は上昇するでしょう。逆に供給が需要を上回る超過供給になれば価格が下落するでしょう。いずれにせよ，需要と供給が一致する状況まで価格が変化することになります。

　もちろん，労働市場や，財市場の一部などにはこの価格調整が迅速でない市場もあるかもしれません。一方で，資産市場は価格が相対的にスムースに変化すると考えられます。このように，需要要因と供給要因を探りながら需給均衡を下にして価格の性質を分析する方法を均衡価格理論と呼びます。後に紹介する資本資産価格評価モデル（capital asset pricing model）は均衡価格理論の代表例です。需要関数や供給関数は家計や企業の意思決定を通じて形成されるものとなります。たとえば，私たちの資産需要は，私たちの時間やリスクの捉え方に大きく影響されます。その意味で，均衡価格であるかどうかは先に挙げた裁定価格の考え方よりも満たされるための条件としての制約が追加されます。一方で，価格の形成について家計や企業の意思決定における構造から探ることができるため，価格決定のメカニズムをより詳細に議論することができます。

第7章
時間と利子率

　本章では時間軸について理解を深めることにします。将来に向けてお金を運用する際，現在と将来といった時間軸を考えなくてはなりません。具体的には，就職後，結婚後，出産後，老後など将来どのような消費計画を行うかを計画することと密接な関係があります。なぜならば現在と異なる時点を考える上では利子率や将来の経済状況を考える必要があるためです。そのため，私たちの将来を考える上でも，利子率をよく知ることはとても有効であると考えられます。また第Ⅰ部で学習したように私たちが普段耳にする多くの変数は名目で測られていますが，物価で調整した実質の利子率が重要です。以下では扱われる変数をすべて実質で捉えます。物価水準の変動は考慮しないものとして以下では議論を行います。

7.1 安全利子率

　利子率とは債権債務関係における約束された収益率となります。一定期間お金を貸せば，私たちはその期間，財・サービスに交換する権利である流動性を手放すことになります。すなわち，利子率とは，このような流動性を失うことに対する対価であると考えることができます。このことから資本を一定期間貸し出すことの費用にも一致するため，資本のレンタルコストとも呼ばれます。

　ファイナンス分野や経済学では安全利子率（risk-free interest rate）という考え方を便宜的に用います。貸出先が債務不履行に陥り，返済ができなくなる可能性もありません。文字どおり安全な利子率です。ただし，理論上便宜的に

用いられるだけであり，現実世界では真に安全な投資はない点には注意が必要です。

7.2 実質利子率の決定要因

次に実質利子率がどのように決まるかを考えましょう。結論からいえば，債券市場における需要と供給によって決定されます。ここで単純化のために，企業は利子率が低い（高い）ほど，借金のコストが低く（高く）なりますから，投資を増やしたいと考え，資金需要を増やすとしましょう。また，家計は利子率が高い（低い）ほど，将来得られる利子所得が増えるため，資金供給を増やすとしましょう[1]。

図表7-1および7-2を見てみましょう。縦軸に実質利子率，横軸で需要量と供給量が表されています。投資を行いたい企業が増えれば，資金需要が増えますので，利子率の増大をもたらします。あるいは，貯蓄を増やしたい家計が増えれば資金供給が増えるため，利子率の下落をもたらします。

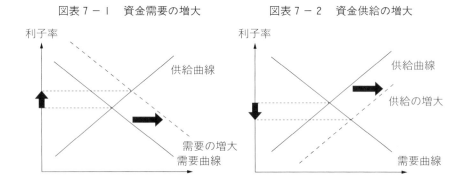

7.3 債券市場

本節では1年より長い期間で満期を迎える確定利付き証券が取引される債券市場について考えます。債券契約は発行者と債権者間の契約であり，先に述べ

たように，額面，クーポンレート，満期までの期間の3つが設定されます。額面額とは最終的に支払われる元本部分になります。クーポンレートとは額面額に対し，年2回支払われる**表面利率**になります。表面利率は利子率とは異なりますので注意が必要です[2]。

　具体例を用いて考えましょう。満期が1年の債券が現在市場において9,900円で取引されているとしましょう。また，額面額が10,000円，クーポンレートが1％であるとしましょう。このとき，クーポンは100円になります。しかし，この債券を保有する人は9,900円で購入し1年経てば10,000円得られますからキャピタルゲインとして100円を得ることができます。すなわち，この債券保有の利子率は9,900円に対し200の所得を受け取ったと考えることができますので，利子率は200／9,900となり，2％程度になります。

　また，発行者で分類すれば，国や地方自治体が発行する国債，地方債，企業が発行する社債，主に金融機関が発行するモーゲージ証券などがあります。

　少し細かい点ですが，債券は保有した期間に応じてそのクーポンの受取額が変わります。たとえば，年1回クーポンが支払われる債券を半年分だけ保有すれば，自分自身に帰属すべきクーポンは半額になると考えられます。よって，クーポンの支払い日以外に債券を買う場合，買い手は売り手に対し**未収利息**と呼ばれる支払いを行わなければなりません[3]。

7.3.1　債券価格

　次に債券の価格がどのように決定されるかを具体例を踏まえながら考えましょう。重要な考え方として，たとえ同じ金額であっても受け取る時点が現在か将来かによって価値は異なる点です。たとえば，私たちは今現在10,000円受け取ることと，1年後に10,000円受け取るのでは満足度に違いがあるはずです。もちろん捉え方は人それぞれですが，多くの人は今すぐ受け取る方がうれしいと感じるはずです。つまり，現在の10,000円と1年後の10,000円は異なる価値であり，将来の10,000円は現在の10,000円より価値が低いと捉えるはずです。さまざまなリスク要因を無視すれば，市場においてこの時間軸の調整を行うのが利子率であると考えることができます。

　たとえば市場で運用すれば10％の市場利子率が得られるとしましょう。この

とき，現在の1万円は市場で運用すれば1年後に11,000円（＝10,000円×(1＋0.1)）になります。これは1年後の11,000円は現在の10,000円（＝11,000円÷(1＋0.1)）に等しいと見ることもできます。つまり利子率とは現在の価値と将来の価値を結びつける役割があります。

　2年間に期間を拡げてこのことを考えてみましょう。市場での投資収益率は現在から来年，来年から再来年にかけて，いずれも年率10%であるとしましょう。現在の1万円は市場では1年後に11,000円（＝10,000円×(1＋0.1)）になり，2年後には12,100円（＝11,000円×(1＋0.1)）になります。これは2年後の12,100円は現在の10,000円（＝12,100円÷(1＋0.1)÷(1＋0.1)）に等しいと見ることもできます。この例の重要な点は2年間であれば，（元本部分の1＋利子率の10%）の2乗で調整されている点です。これは3年間であれば3乗になりますし，n年間であればn乗になります。

　この考え方を用いて，債券の価格と市場利子率の関係を考えましょう。額面100円の1年で満期を迎える債券とし，クーポンレートは年1回で10%とします[4]。現在，ある価格を支払うと，来年になれば額面の100円とクーポンの10円を受け取ることができます。つまりこの債券を保有すれば来年110円を得ることができます。このとき，市場での利子率が10%であれば，現在価値は110÷(1＋0.1)＝100円となります。あるいは市場での利回りが20%であれば現在価値は110÷(1＋0.2)となり約91.667円と求めることができます。この現在価値とは，市場でのあるべき価格になりますので，この計算において，債券の価格は市場利子率と同時に決まることがわかります。もう少し一般的に考えてみましょう。市場利子率をrで表記すれば来年110円が得られる債券の価格pは110÷(1＋r)と一致するはずです。ここで，rは分数の分母になりますので，利子率rが高まるほど，分数全体は小さくなりますから，債券価格pが下落する関係があります。

　このようにして，将来の価値は割り引いて，現在価値として捉えることが重要です。債券価格は将来得るクーポンの現在価値と将来得る額面の現在価値と考えることができます。満期までが2年間の2期債と呼ばれる債券を考えてみましょう。額面は100円，クーポンレートは年1回で10%とします。この債券は来年になるとクーポンの10円，再来年になるとクーポンと額面の110円の受け取

第 7 章　時間と利子率

りがあります。利子率が毎年 5 ％であるとし，ここまでの考え方を応用すれば，来年の10円の現在価値は約9.52円（＝10÷1.05）になります。また，再来年の110円の現在価値は約99.77円（＝110÷(1.05)²）になります。よって両者を足しあわせた109.29円がこの債券の適正な価値になり，債券価格はこのように形成されると考えることができます。

7.3.2　債券価格とイールド

　ここで便利な考え方としてイールドを定義します。イールドとは債券の現在価値をその市場価格に一致させる利子率であり，市場における現在の割引率となります。7.3.1の最後の例で考えると，市場価格109.29円が与えられたときに次のような式を考えることができます。

$$109.29 = \frac{10}{1+r} + \frac{110}{(1+r)^2}$$

　この式を満たす r は0.05となりますから，イールドは 5 ％となります。債券価格とイールドは逆数の関係にありますが，償還期間も含めてもう少し具体的にイメージできるようにしましょう。イールドについて 1 ％， 3 ％， 5 ％，10％，満期までの期間も 1 年間， 5 年間，10年間，20年間，30年間とし，また額面額は1,000円としましょう。この計算結果をまとめたものが下表です[5]。

図表 7 － 3　イールドと満期

債券価格1,000円，クーポンレート＝ 0 ％

	1 ％	3 ％	5 ％	10％
1 年	990.1	970.9	952.4	909.1
5 年	951.5	862.6	783.5	620.9
10年	905.3	744.1	613.9	385.5
20年	819.5	553.7	376.9	148.6
30年	741.9	412.0	231.4	57.3

第Ⅱ部　資産価格の捉え方

　この表から確認できることは2点です。満期に1,000円返すことを考えるとき
に，イールドが高いほど（表の右に向かうほど）市場価格が下がること，期間
が長くなるほど（表の下に向かうほど）市場価格が下がることです。現実的に
考えれば，高い利子率の状況下で，長期的に利用可能な資金を望んでも，一定
の返済額に対して割引が非常に大きくなりますので市場価格は非常に小さくな
ることになります。極端に言えば，30年間，利子率10％で満期に1,000円返すと
しても今現在，57円しか借りることができません。あるいは次のように見るこ
ともできます。利子率が高く，時間の余裕があるのであれば，今現在の57円は
30年後には1,000円すなわち約18倍になります。

1　家計の利子率の変化に対する反応はミクロ経済学で登場するスルツキー方程式に依存します。所得
　効果と代替効果の大小関係で資金供給を増やすかどうかが決定されますが，ここでは単純化のため，
　利子率が増えれば，資金供給を増やすと仮定しています。
2　債券を市場で購入し，満期まで保有すればキャピタルゲインも得られる可能性があります。キャピ
　タルゲインが0であれば，クーポンレートは利子率に一致しますが，市場で価格が形成される以上，
　キャピタルゲインがゼロであるとは限りません。
3　具体例を挙げましょう。年に1回500円のクーポンが支払われる債券があるとしましょう。このと
　き，クーポン支払日から73日前にAさんがBさんに売却するとすれば，Aさんが365日−73日＝292
　日保有し，Bさんが73日保有することになります。500円をどのように配分すべきかを考えると，Aさ
　んは80％（292／365＝0.8），Bさんは20％（73／365＝0.2）権利を有すると考えられます。一方で，
　クーポンの支払日にはBさんが債券の所有者ですから500円を手に入れることになります。よって，
　売買するタイミングで，BさんからAさんへと500円×0.8＝400円支払えば，適正なクーポンの配分
　ができることになります。
4　クーポンは年2回支払うことが一般的ですが，ここでは考え方を身につけることを優先して単純化
　します。
5　図表7−3にあるようなクーポンレートが0％である債券は割引債と呼ばれます。文字どおり，
　クーポンの支払いはなく，額面よりも割り引かれて売られます。市場価格が満期に近づくにつれて額
　面に近づくという性質を持っています。クーポンレートは0％ですから，クーポンの現在価値を考え
　る必要はなく，額面の現在価値だけ考えれば十分となります。市場価格＝額面／$(1+r)^T$，Tは満期
　までの期間となります。たとえば，イールドが8％で償還までに20年間を要する債券でしたら，
　$214.54＝1,000／(1+0.08)^{20}$となります。

第8章
リスクの評価

　本節では，私たち自身のリスクの捉え方を学び，リスクの計測と評価について検討しましょう。

8.1 │ リスクの捉え方

　まず，ある時点で特定の株式を100円で購入し，一定期間が経過した後に，配当5円を受け取るのと同時にこの株式を102円で売却したとしましょう。このとき，売却益は102円となり，配当収益は5円となります。元手100円に対し，107円の収益が得られたため，粗株式収益率は107%もしくは1.07と求められます。このとき，売却益を元本の100円を差し引いた形で，2円とすれば，純株式収益率として7%と表すこともできます。

　少し一般的な表現を用いると，ある株式を p_t 円で購入し，一定期間経過後，配当 d_t を得るのと同時にこの株式を p_{t+1} 円で売却するとすれば，（粗）株式収益率は次のように表されます。

$$（粗）株式収益率 = \frac{p_{t+1} + d_{t+1}}{p_t}$$

　ここで，重要な点は，株式は安全資産とは異なり，将来の額面などは設定されていません。つまり，現在 t 時点にいるとすれば，将来得られる配当 d_{t+1} は企業の業績などの要因で変化しますし，また，将来得られる売却益 p_{t+1} も決定されていません。そのため，私たちは，将来起こりうる状態について複数の可

第II部　資産価格の捉え方

能性があり得ることを想定しながら意思決定をしなければなりません。

　この問題を考えるために，リスクを捉える上で重要な指標を導入します。1つ目は期待値と呼ばれるものです。期待値とは平均的な値となりますが，たとえばサイコロをこれから振るときに，出てくるであろう目は1から6までの6通りあります。また，それぞれの目はそれぞれ，$\frac{1}{6}$の確率となります。このとき，期待値は，

$$1 \times \frac{1}{6} + 2 \times \frac{1}{6} + 3 \times \frac{1}{6} + 4 \times \frac{1}{6} + 5 \times \frac{1}{6} + 6 \times \frac{1}{6} = 3.5$$

と求めることができます。ここでのサイコロの目は確率変数と呼ばれます。つまり，期待値とは確率変数にそれが発生する確率をかけ，起こりうる事象すべてについて足しあわせることで求めることができます。

　別の例として株式収益率について考えましょう。企業Aの業績が上がる確率が50%，悪化する確率が50%であるとします。業績に対応し企業Aの株式の株式収益率が1.4，0.8と変動するものとしましょう。このとき，期待値は1.4×0.5+0.8×0.5=1.1と求めることができます。つまり，平均的には10%の純収益率が得られると考えることができます。このような平均的な収益率を期待収益率と呼びます。

　リスクを測る重要な指標として，2つ目に分散・標準偏差について紹介します。平均からのバラツキを測る指標となり，リスクを捉える指標となるものです。同様にサイコロの例を用いて考えましょう。サイコロの目のばらつきを測る上で，まずは，それぞれの目が平均からどのくらい差があるのかを考えましょう。1という目は平均よりも2.5少ないです。よって，−2.5となります。同様に，2の平均からの乖離は−1.5，と以下繰り返していくと，サイコロの目の平均からの乖離は{1，2，3，4，5，6}に対応して，{−2.5，−1.5，−0.5，0.5，1.5，2.5}とまとめることができます。ばらつきを測る上で，これらをどのように評価すれば良いでしょうか。先の期待値の計算と同じように確率をかけて足しあわせることを真っ先に思いつくかもしれません。しかし，これではうまくバラツキを捉えることができません。プラスとマイナスが相殺されてゼロになることを確認しましょう。

$$(-2.5) \times \frac{1}{6} + (-1.5) \times \frac{1}{6} + (-0.5) \times \frac{1}{6} + 0.5 \times \frac{1}{6} + 1.5 \times \frac{1}{6} + 2.5 \times \frac{1}{6} = 0$$

となります。

そこで，符号の違いによって相殺されてしまうことを避けるために，プラスの値もマイナスの値も2乗するとプラスになる性質を利用します。具体的には各確率変数から期待値を引いて2乗した値に確率をかけ，足し上げることを行うと，

$$(-2.5)^2 \times \frac{1}{6} + (-1.5)^2 \times \frac{1}{6} + (-0.5)^2 \times \frac{1}{6} + (0.5)^2 \times \frac{1}{6} + (1.5)^2 \times \frac{1}{6} + (2.5)^2 \times \frac{1}{6}$$

となります。

これを求めると，およそ，2.92となります。これが分散と呼ばれる計算になります。言い換えれば，それぞれの確率変数の期待値との差を2乗した値に発生する確率をかけ，起こりうる事象すべてについて足しあわせることで求めることができます。ただ，符号の効果を消すために2乗しましたので，そこで得られる値についての解釈が少し難しくなります。そこで，得られた結果にルートをとることを行ってみましょう。すると，$\sqrt{2.92} = 1.71$となります。これが標準偏差と呼ばれるものです。これら分散・標準偏差は平均からのバラツキを捉える指標となりますので，リスクを捉えることができます。先ほどの，企業Aの例を用いて，保有期間収益率の分散・標準偏差を求めてみましょう。分散は$(1.4-1.1)^2 \times 0.5 + (0.8-1.1)^2 \times 0.5 = 0.09$となり，標準偏差は$\sqrt{0.09} = 0.3$となります。少し雑に言えば，バラツキ（リスク）の平均が標準偏差であると考えるとよいでしょう。

8.2 │ 市場で観測されるリスクプレミアム

通常，市場ではリスクの上昇は，該当資産の価格の下落と期待収益率の上昇をもたらします。このようなハイリスクハイリターンのメカニズムは投資家の危険回避的な行動からもたらされます。つまり，リスクが上昇するほど，投資

家はより高いプレミアムを要求します。つまり，リスクが高いほど，期待収益率も高くなるという関係です。先に定義した期間保有収益率には，時間が生み出す，利子率である安全利子率も含まれています。つまり，市場のデータからは「リスクプレミアム＝期待収益率－安全利子率」として求めることができます。企業Aの例で確認してみましょう。仮に安全利子率が4％であるとすればリスクプレミアムは10％－4％＝6％となります。前節の例では，業績悪化時には株式保有によって，資金が80％に減ってしまう可能性があります。つまり，この株式を保有することはリスクを伴います。このようなリスクを引き受ける代わりに，その対価として6％のリスクプレミアムを得ることができるのです。

　ここで，シャープ比率と呼ばれるリスクとリスクプレミアムのトレードオフの効果を測る指標を導入します。ここでのトレードオフとは，何かを得る代わりに何かを支払わなければならないことを意味します。具体的には，追加的なプレミアムを得る代わりにリスクを引き受けることを意味します。シャープ比率は次のような計算で求められます。

$$\text{シャープ比率} = \frac{\text{リスクプレミアム}}{\text{標準偏差}}$$

　先の例を出しますと，リスクプレミアムは6％として求められました。また，標準偏差は30％として得られました。このとき，シャープ比率は0.2％と求められます。この数値は何を意味するでしょうか。分母の30％に注意すれば，ここで求められる計算はバラツキが1％上昇することで，追加的に0.2％のプレミアムが得られることを意味します。つまり，リスクとリスクプレミアムのトレードオフを意味します。このような計算方法はW.シャープの1966年の論文で発表されました。また，シャープは資本資産価格評価モデルでも登場します。

　以下ではリスクについてさまざまな議論が展開されますが，投機とギャンブルについて整理しましょう。投機とは大きなリスクを取る代わりに相応のリスクプレミアムを得る行為を指します。つまり，リスクを取る代わりに，平均的な収益率が上昇することになります。一方で，競馬，競輪などのギャンブルは異なります。通常，それらのギャンブルには主催者側に支払う参加料があります。たとえば競馬では25％程度がこれにあたりますから，期待値では100円は75

第 8 章　リスクの評価

円へと目減りします。つまり，娯楽を得ることを目的に，コストを支払いリスクを取ることがギャンブルであると考えることができます。

8.3 │ リスクの捉え方と効用

　本節では私たちのリスクの捉え方について検討します。私たちの効用を特定化して考えることにします[1]。

効用関数＝投資の期待収益率－危険回避係数×投資収益率の分散

　私たちがこのような効用関数を持っていると仮定するならば，投資の期待収益率が大きくなるほど，私たちの効用は上昇します。**危険回避係数**と呼ばれる私たちの選好から導かれる変数が第 2 項に登場します。私たちがリスクを嫌がるような危険回避的な属性であれば，この変数は正の値を取ります。一方で，リスクを望ましいと考える**リスク愛好家**であれば，この変数は負の値をとります。当然人それぞれに変わる値ですが，ここでは，危険を嫌がる，すなわち，一定の正の危険回避係数を持っていると仮定しましょう。危険回避係数が正であるならば，投資収益率の分散が大きくなるとき，すなわちリスクが大きくなるほど，効用水準は下がります。つまり，リスクは不効用になります。

　効用スコアについて以下の例を用いて考えましょう。なお，安全利子率は 5 ％と仮定しています。

ポートフォリオ	期待収益率	分散	標準偏差
低リスク	6 ％	0.0025	5 ％
中リスク	8 ％	0.01	10％
高リスク	12％	0.04	20％

　まずは，もっとも単純なケースとして，危険回避係数が 0 であるような個人を想定し，表にある 3 つのポートフォリオの効用スコアを計算してみましょう。このような個人にとって，先ほどの効用関数の第 2 項はゼロになりますから，効用水準は期待収益率のみで決定されると考えられます。よって，低リスクの

105

第Ⅱ部　資産価格の捉え方

ポートフォリオによる効用スコアは0.06，中リスクのポートフォリオによる効用スコアは0.08，高リスクのポートフォリオによる効用スコアは0.12となります。つまり，リスク量にかかわらず，より高い期待収益率が得られるポートフォリオを選択します。また，このような個人にとって，リスクの水準は効用スコアに何ら影響しませんので，リスク中立的な経済主体であると呼ばれます。

　次に，危険回避係数が1であるような個人について同様に考えてみましょう。低リスクのポートフォリオによる効用スコアは0.06−1×0.0025＝0.0575，中リスクのポートフォリオによる効用スコアは0.08−1×0.01＝0.07，高リスクのポートフォリオによる効用スコアは0.12−1×0.04＝0.08と計算されますから，この個人にとってリスクは効用スコアにマイナスに影響します。このような個人はリスク回避的な経済主体とみなされます。この個人の場合，効用スコアより，高リスク，中リスク，低リスクの順番に好むことがわかります。

　次に，危険回避係数を3と仮定し3つのポートフォリオの効用スコアを計算しましょう。同様に，低リスク，中リスク，高リスクそれぞれのポートフォリオによる効用スコアは0.06−3×0.0025＝0.0525，0.08−3×0.01＝0.05，0.12−3×0.04＝0となります。先ほどの危険回避係数が1である個人よりも，リスクが効用スコアに強く負の影響を与え，リスク回避の程度が異なることが分かります。先ほどよりもリスクの不効用が大きくなるため，好みの順序が先ほどの例とは異なり，低リスク，中リスク，高リスクの順番に好まれます。つまり，私たちがリスクをどれだけ避けようとするかによって，保有する資産の特徴が変わることになります。リスクを回避しようとすればするほど，安全に運用する方がその個人にとっては望ましいですし，リスクを重視しないのであれば高いリターンが得られる危険な投資を選ぶことになります。これらはすべて私たちのリスクに対する行動から決まります。以下では，リスク回避的な経済主体であることを前提として議論を進めることにします。

　次に平均分散基準と呼ばれる考え方を紹介します。私たちがポートフォリオAとポートフォリオBのいずれか一方を選択できるものとしましょう。このとき，次のいずれかの関係が満たされる限り，危険回避的な個人は必ずポートフォリオAを選択します。

第 8 章　リスクの評価

・A の期待収益率＞B の期待収益率，かつ，A の分散＜B の分散
・A の期待収益率＞B の期待収益率，かつ，A の分散＝B の分散
・A の期待収益率＝B の期待収益率，かつ，A の分散＜B の分散

　期待収益率が相対的に高く，かつ，リスクが相対的に低いポートフォリオがあれば，必ずそちらが選択されることを意味します。リスクが同水準であれば，高い期待収益率のポートフォリオが必ず選択されます。期待収益率が同じであれば，リスクの低いポートフォリオが必ず選ばれます。このように，期待値と分散に基づいたポートフォリオ間の支配関係の判定基準になります。

8.4 │ 無差別曲線

　ミクロ経済学を学習すると，無差別曲線と呼ばれるものが登場します。そこでは，効用水準に正の影響を与えるような 2 つの財（たとえば，りんごとみかん）の関係について分析されます。ファイナンスで登場する無差別曲線は，効用水準に正の影響を与える期待収益率と負の影響を与えるリスクの組み合わせを考えることになります。ここでのリスクは標準偏差を採用します。

　無差別曲線とは，同じ効用水準を与える期待収益率と標準偏差の組み合わせを結んだ曲線として定義されます。もう少し具体的に理解するため，次の数値例を用いて考えましょう。ただし危険回避係数は 2 と仮定します。

期待収益率	分散	標準偏差	効用水準
0.02	0.000	0.000	0.02
0.10	0.040	0.200	0.02
0.15	0.065	0.255	0.02
0.20	0.090	0.300	0.02
0.25	0.115	0.339	0.02
0.30	0.140	0.374	0.02
0.35	0.165	0.406	0.02
0.40	0.190	0.436	0.02

107

いずれも，先で述べた効用関数に数値をあてはめると効用スコアが0.02になることが確認できます。横軸に標準偏差，縦軸に期待収益率をとって図示したものが図表8－1にある無差別曲線です。

無差別曲線上ではどの点も同様の効用スコアが得られます。図表8－1の実線で描かれた無差別曲線の形状について検討しましょう。通常，ミクロ経済学では右下がりの無差別曲線が描かれます。その理由は，2つの財がいずれも効用水準にプラスの影響を及ぼすためです。みかんとりんごの例を用いるといずれもわたしたちにとって望ましい財であるとしましょう。このとき，ある効用水準を達成することを考えると，みかんが増えるときには，りんごを減らすことができます。つまり，一方の財が増えることに対し，もう一方の財を減らすことで効用水準が一定になります，縦軸にりんごの消費量，横軸にみかんの消費量をとれば，右下がりになります。つまり，同じ効用水準のもとでは，片方を増やすならば，もう一方を減らすことができるという意味でのトレードオフ関係があります。それに対し，ここで描かれた無差別曲線は右上がりになっています。リスク回避的な個人にとって，リスクは不効用となります。つまり，リスクが増えることに対し，期待収益率も増大しなければ効用水準は一定にな

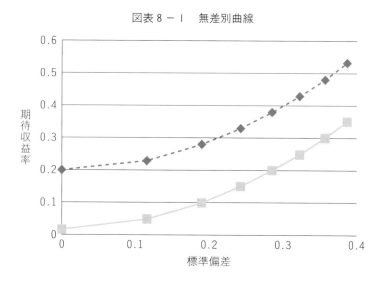

図表8－1　無差別曲線

りません。これが右上がりになる理由です。次に，リスクが大きくなるほど，曲線の傾きが急になることが確認できます。これが意味することは，ほとんどリスクがない場合と，すでに十分に大きなリスクをとっている場合を比較してみましょう。前者の場合，リスクがわずかに増えることに対し，相対的に許容的にリスクを取ることができます。つまり，リスクが増えるとしても，求める期待収益率の増加分は相対的に小さくなります。一方で，後者の場合，すでに十分にリスクを抱えてしまっている状況になります。よって，わずかでもリスクが増えることに慎重になります。そのため，リスクが増えることに対し求める期待収益率の増加分は相対的に大きくなります。

　また，破線で描かれた曲線は効用スコアが0.2になっています。すなわち，無差別曲線は，上にシフトするほど，高い効用水準を示します。これは平均分散基準を思い出せばよいでしょう。同じリスク水準であればより高い期待収益率の方が望ましいですし，同じ収益率の水準であれば，より低いリスクになる状況が望ましいためです。よって，上方に位置する無差別曲線は，平均分散基準からもより望ましい効用水準であることが確認できます。

1　厳密には下の式における危険回避係数は 2 で除した形式で表現されます。

第Ⅱ部　資産価格の捉え方

第 **9** 章
ポートフォリオセレクション

　本章ではポートフォリオの構成について，資産選択と証券選択の観点から考えます。H.M. マーコウィッツによって1952年に執筆されたポートフォリオセレクションという題での論文は，分散投資（diversification）についての重要性を明らかにしました。

9.1 ｜ 資産選択

　資産選択の問題を考えます。具体的にはどのような比率で危険な資産と安全な資産に配分すべきかという問題を考えます。ここでの危険資産とは株式やリスクを伴う債券などをイメージすると良いでしょう。また，真に安全な資産はないと学びましたが，便宜的に必ず返済されるような預金があると想定しましょう。

　危険資産は期待収益率が７％で標準偏差が15％であるとしましょう。また，安全利子率は１％としましょう。安全資産なので，リスクはありませんから，標準偏差はゼロになります。このとき，私たちの危険資産の保有比率を x で表し，安全資産の保有比率を $1-x$ で表しましょう。

　このようなポートフォリオから得られる期待収益率は，

$$\text{ポートフォリオの期待収益率} = \text{危険資産の期待収益率（７％）}$$
$$\times x + \text{安全利子率（１％）} \times (1-x) \qquad (9.1)$$

と表すことができます。たとえば，$x=1$ が意味するのはすべての資金を危険資

110

産で運用することを意味します。このときには，7％の期待収益率が得られます。あるいは $x=0$ とすれば，すべての資産は安全資産で運用され，1％の安全利子率が得られます。少し応用的になりますが，$1-x$ が正であれば，これは貯蓄を意味します。一方で，$1-x$ が負の時には何を意味するでしょうか。マイナスの貯蓄とは借入れを意味します。そのとき，$x>1$ という関係になることに注意しましょう。これが意味することは，安全利子率である1％の利子率で借入れを行い，その資金を危険資産で運用することを意味します。ただし，借入時の利子率も貸出（貯蓄）時の利子率も等しくなければ成立しない関係となります。

　また，ポートフォリオのリスクである標準偏差は，

$$\text{ポートフォリオの標準偏差＝危険資産の標準偏差(15\%)} \times x \qquad (9.2)$$

として表されます。危険資産のリスクである15％にその投資比率 x が掛けられることになります。

　(9.2)式から，危険資産保有比率 x は(ポートフォリオの標準偏差)÷(危険資産の標準偏差)となりますから，それを(9.1)式に代入して整理するとポートフォリオの期待収益率を次のような式で表すことができます。

$$\text{ポートフォリオの期待収益率＝安全利子率＋ポートフォリオの標準偏差} \times \frac{\text{危険資産期待収益率－安全利子率}}{\text{危険資産収益率の標準偏差}}$$

　第1項は時間軸上の取引であることから決まってくる安全利子率です。また，第2項に着目すると，シャープ比率が現れています。第2項が意味することは，私たちが直面するリスク水準であるポートフォリオの標準偏差を決定すると，そのリスクに対する追加的な収益率が決定されることを意味します。ここまでの数値例を用いれば，ポートフォリオの期待収益率は1％＋ポートフォリオの標準偏差×[(7％－1％)／15％] と求めることができます。つまり，この関係式において，私たちがコントロールできるのは自身が保有するポートフォリオのリスク量と期待収益率となります。それ以外はすべて市場で決定される変数となります。

　この式は私たちが選択可能なリスクと期待収益率の関係を表します。8.4まで

第Ⅱ部　資産価格の捉え方

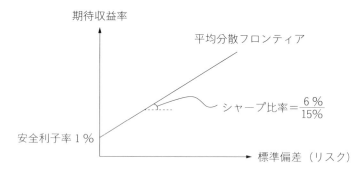

図表9－1　平均分散フロンティア

　と同様に縦軸にポートフォリオの期待収益率，横軸にポートフォリオの標準偏差を表したものが図表9－1となります。図示された直線は平均分散フロンティアと呼ばれ，私たちがアクセス可能な投資機会を表します。リスクと期待収益率を捉える予算制約線として解釈することもできます。もちろん，この直線を上回るような選択に資金を投入できるとすれば，より望ましいリスクと期待収益率の関係が存在することを意味しますが，そのような選択肢はないものとして考えましょう。後の10.2.1でアルファ株として再検討します。

　8.4の，無差別曲線をこの図に重ね合わせたものが図表9－2となります。このとき，無差別曲線は上に行くほど望ましいという性質がありましたから，先ほどの平均分散フロンティアと無差別曲線が接する点がもっとも望ましいポートフォリオとして選択されることになります。

　また，私たちの選択行動として，他の変数がすべて不変であるもとでは以下の関係がいえます。危険資産の期待収益率が上昇するほど，私たちはより危険資産を保有します。また，同様に危険資産の標準偏差が少ないほど，危険資産をより多く保有します。最後に，私たち自身の選好の問題として，危険回避係数が小さいほど，より多くの危険資産を保有することになります。これらの問題を現実的に捉えることを試みましょう。私たちの投資戦略として，個別株式がプールされた状態であるような市場インデックスと呼ばれる危険資産で運用することを考えます。市場インデックスとは米国におけるS&P500や日本では日経平均株価やTOPIXなどが代表例となります。これらは取引市場で取引さ

図表 9 − 2　最適なポートフォリオ選択

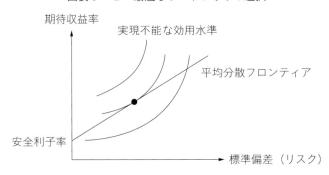

れる銘柄の平均株価として求められます。このとき，縦軸に期待収益率をとり，横軸に標準偏差をとることを考えましょう。たとえばマネーマーケットで取引される短期債利子率を安全利子率，市場インデックスの期待収益率と標準偏差の組み合わせを求めグラフに描けば，私たちが実際に直面する平均分散フロンティアが描けるでしょう。

9.2 証券選択の考え方

9.1では危険資産の中身については明らかにしませんでした。次に，具体的にはどのような証券を選択すべきかという証券選択の問題を考えます。

9.2.1 市場リスクと個別リスク

世界的な不況などある事象はすべての企業に影響を与えるリスク要因になる場合があります。このような市場全体に共通して発生するリスクは，マーケットリスク，システマティックリスク，マクロ経済リスク，分散不可能リスクなどと呼ばれます。一方で，経営者のスキャンダル，経営者間で関係が悪化することを通じ業績に支障をきたすなど，各企業は独自のリスク要因も抱えているはずです。このようなリスクは個別リスク，ノンシステマティックリスク，分散可能リスクと呼ばれます。結論からいえば，リスク分散（risk diversification）とは複数の企業に分散投資することで企業の個別リスクを減少させることを意

味します。ここでの分散は散らすという意味で用いられており，先に登場した統計の分散（variance）の概念とは意味が異なります。また，リスクヘッジという概念とも異なります。リスク分散は多数の企業に投資さえすればその恩恵を得られるのに対し，リスクヘッジはある一定の保険額をかけることによって，リスクを除去することを指します。いずれも，リスクを減らすという点では一致しますが，追加的に保険料としてのコストが発生するかどうかで識別されます。

しばしば，リスク分散を説明するときに１つのバスケットにすべての卵を入れるべきではない，という表現を用います。１つの銘柄に資金を集中させてしまうと，そのバスケット（株式銘柄）を落としてしまうと，その中の卵（資金）が割れてしまい価値が消失することを意味します。つまり，どこかの企業で個別にショックが起こったとしても，他の企業の株式銘柄に分散投資していれば，影響を小さくできることがリスク分散効果の直観的な説明となります。この関係を整理するために，次では２種類の危険資産を保有することのリスク分散効果を共分散という考え方を用いて考えることにしましょう。

9.2.2　共分散リスク

共分散と呼ばれる，２つの変数の共変性を捉える指標を導入します。

次のように株式Ａと株式Ｂが経済の状態によってリターンが変わるとしましょう。また，確率は状態１，状態２それぞれ50％とします。

図表 9 － 3　各状態時における
各株式のリターン

	状態 1	状態 2
株式 A	4 %	10 %
株式 B	7 %	5 %

株式Ａは状態２において，株式Ｂは状態１において，それぞれ相対的に高いリターンが実現することが仮定されています。

また，株式Ａは期待値が７％，標準偏差は３％と求めることができます。株

式Bは期待値は6％，標準偏差は1％と求められます。株式Aと株式Bの共分散の式を紹介します。共分散は，$0.5 \times (0.04-0.07) \times (0.07-0.06) + 0.5 \times (0.1-0.07) \times (0.05-0.06) = -0.0003$という計算によって求められます。第1項は状態1の確率に，株式Aの期待値からの乖離である-3％と株式Bの期待値からの乖離である1％が掛けられています。同様に第2項では状態2の確率に，株式Aの期待値からの乖離である3％と株式Bの期待値からの乖離である-1％が掛けられています。計算結果としてマイナスの値が導かれています。このことが意味するのは株式Aと株式Bの変動にはマイナスの共変性があり，片方が高いときにはもう一方は低くなる関係があります。このことを確認するために，状態1の時に5％，状態2の時に7％が得られるような株式Cを導入してみましょう。同様に株式Aと株式Cの共分散を求めると，$0.5 \times (0.04-0.07) \times (0.05-0.06) + 0.5 \times (0.1-0.07) \times (0.07-0.06) = 0.0003$となります。この場合では，共分散は正の値をとります。つまり，株式Aと株式Cはプラスの共変性があり，片方が高いときにはもう一方も高くなる関係があります。

また，ここで相関係数と呼ばれる指標を導入します。相関係数は，共分散をそれぞれの標準偏差の積で除すことで求められます。

相関関係＝共分散／それぞれのの標準偏差の積

株式AとBの相関係数は$-0.0003 / (0.03 \times 0.01) = -1$，株式Aと株式Cの相関係数は$0.0003 / (0.03 \times 0.01) = 1$となります。これら2つの例は最も極端な例となり，相関係数が1のものを完全な正相関，-1のものを完全な逆相関と呼びます。通常，そこまで極端な関係にはならず，相関係数は-1から1の値をとります。

以下では，2種類の株式から構成されるポートフォリオの特徴を考えることにしましょう。株式Aへの投資比率をw_A，株式Bへの投資比率を$w_B = 1 - w_A$で表すことにします。株式Aの期待収益率を12％，分散（標準偏差）を0.225（0.15），株式Bの期待収益率を12％，分散（標準偏差）を0.04（0.2）を用いて表すことにします。また，相関係数をρ_{AB}とします。ポートフォリオの期待収益率は，

第Ⅱ部　資産価格の捉え方

$$0.07w_A + 0.12(1-w_A) \tag{9.3}$$

と表されます。また，このポートフォリオの分散は，

$$0.15^2 w_A^2 + 0.2^2 (1-w_A)^2 + 2 \times 0.15 \times 0.2 w_A (1-w_A) \rho_{AB} \tag{9.4}$$

と求めることができます。以下では3つの例を用いてこれらの関係を整理することにしましょう。

図表9－4　計算例Ⅰ

	株式A	株式B
期待収益率	7％	12％
標準偏差	15％	20％
相関係数	1	

相関係数が1のケースを考えます。ポートフォリオの分散は，

$$0.15^2 w_A^2 + 0.2^2 (1-w_A)^2 + 2 \times 0.15 \times 0.2 w_A (1-w_A) = [0.15 w_A + 0.2 (1-w_A)]^2$$

となります。すなわち，このようなポートフォリオの標準偏差は $0.15w_A + 0.2(1-w_A)$ に等しくなります。この期待収益率と標準偏差の関係が図表9－5(a)(b)になります。

　私たちが調整できる変数は，資産の保有比率 w_A のみです。同時に $w_B = 1 - w_A$ も決めることになります。株式Aへの投資比率を増やすことの効果は，期待収益率を下げると同時にリスクを減らす効果をもたらします。反対に，w_B の比率を高めれば，期待収益率は高まりますが，リスクも増大させることになります。

　このように完全な正相関の場合，期待収益率とリスクの関係は右上がりになります。言い換えれば，リスク分散による効果は享受できません。

第9章 ポートフォリオセレクション

図表9-5(a) 各資産の保有比率に対する標準偏差と期待リターン

A株の比率	B株の比率	ポートフォリオの標準偏差	ポートフォリオの期待リターン
100%	0%	15.0%	7.0%
90%	10%	15.5%	7.5%
80%	20%	16.0%	8.0%
70%	30%	16.5%	8.5%
60%	40%	17.0%	9.0%
50%	50%	17.5%	9.5%
40%	60%	18.0%	10.0%
30%	70%	18.5%	10.5%
20%	80%	19.0%	11.0%
10%	90%	19.5%	11.5%
0%	100%	20.0%	12.0%

図表9-5(b) 正相関の株式の分散効果

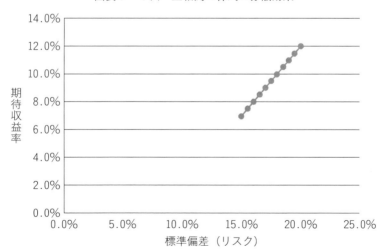

第Ⅱ部　資産価格の捉え方

図表 9 - 6　計算例 2

	株式 A	株式 B
期待収益率	7 %	12%
標準偏差	15%	20%
相関係数	-1	

　次に相関係数が－1のケースを考えましょう。ポートフォリオの期待収益率は，先ほどの(9.3)式と同じです。次にポートフォリオの分散は $\rho_{AB}=-1$ が仮定されていますから，

$$0.15^2 w_A^2 + 0.2^2(1-w_A)^2 - 2 \times 0.15 \times 0.2 w_A(1-w_A) = [0.15 w_A - 0.2(1-w_A)]^2$$

となります。すなわち，このようなポートフォリオの標準偏差は $|0.15 w_A - 0.2(1-w_A)|$ に等しくなります。この期待収益率と標準偏差の関係を図表 9 - 7 (a)(b)のようにまとめることができます。

　投資比率として，$w_A=20 / 35$, $w_B=15 / 35$ を代入してみましょう。このとき，標準偏差は 0 に等しくなります。すなわち，リスクが 0 であることを意味します。これがもっとも極端なケースのリスク分散の効果となります。

　このように完全な逆相関の株式が 2 つ存在すれば，無リスク資産を作ることができます。ただし，全く正反対の振る舞いを行う銘柄を探すことは現実的には不可能であると考えられています。一般的なケースである相関係数が－1と1の間にある場合（図表 9 - 8 ）には，これまでのように，標準偏差を求める際に式を単純化することはできません。

　この関係をグラフに表したものが図表 9 - 9 です。つまり，2 つの危険資産の収益率の相関係数が－1に近づくにつれ，リスク分散の効果が大きくなることがわかります。なぜならどちらか一方の悪い状況が，もう一方の良い状況によって打ち消される効果が高まるためです。

　このようにして，2 つの危険資産におけるリスク分散の効果は，共分散（あるいは相関係数)によって，変化します。 以上の分散投資の効果こそがマーコウィッツのエッセンスです。

118

第9章 ポートフォリオセレクション

図表 9 − 7 (a)　各資産の保有比率に対する標準偏差と期待リターン

A 株の比率	B 株の比率	ポートフォリオの標準偏差	ポートフォリオの期待リターン
100%	0%	15.0%	7.0%
90%	10%	11.5%	7.5%
80%	20%	8.0%	8.0%
70%	30%	4.5%	8.5%
60%	40%	1.0%	9.0%
20／35	15／35	0.0%	9.1%
50%	50%	2.5%	9.5%
40%	60%	6.0%	10.0%
30%	70%	9.5%	10.5%
20%	80%	13.0%	11.0%
10%	90%	16.5%	11.5%
0%	100%	20.0%	12.0%

図表 9 − 7 (b)　逆相関の株式の分散効果

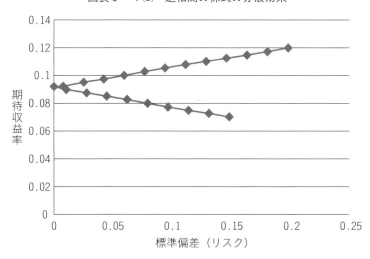

図表 9 − 8　計算例 3

	株式 A	株式 B
期待収益率	7 %	12%
標準偏差	15%	20%
相関係数	0.3	

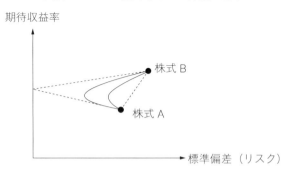

図表 9 − 9　一般的なリスク分散の効果

9.2.3　最小分散ポートフォリオ

　株式 A と株式 B を組み合わせたときに分散が最小化されるポートフォリオを最小分散ポートフォリオと呼びます。ここまで見てきたように，2 つの資産の収益率の間の相関係数が 1 であればリスク分散は見込めませんが，相関係数が−1 から 1 の間にあれば，部分的にリスク分散が可能になります。また，相関係数が−1 であれば完全なリスク分散が可能となり，最小分散ポートフォリオのリスクはゼロとなります。

　それではここまでに学習した証券選択考え方と資産選択の考え方を結びつけ，複数のリスク資産と安全資産の間で資金をどのように配分するべきかを考えましょう。図表 9 − 9 のような相関係数が−1 から 1 にある一般的なケースを考えましょう。そのもとで安全資産を導入すると，2 つの危険資産のさまざまな組み合わせに対し，無数の資本分配線と呼ばれる直線が描けることを図表 9 − 10 から確認できます。

第9章　ポートフォリオセレクション

図表9−10　資本市場線

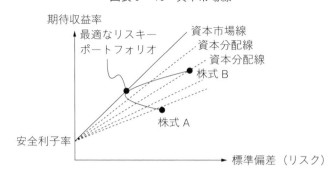

　このとき，もっとも急勾配の資本分配線は**資本市場線**と呼ばれ，もっとも魅力的な投資機会を提示することを意味します。なぜなら，この図における傾きは，シャープ比率を意味するためです。言い換えればリスク1％に対するリスクプレミアムの補償分が大きいほど，平均分散基準より効率的な資金運用であるといえるためです。その結果，図表9−10にあるように，**最適なリスキーポートフォリオ**が決定されます。つまり，安全利子率と最適ポートフォリオを結ぶ直線上で自身の効用に応じて資金を運用することが合理的な意思決定になります。

9.2.4　複数の危険資産への一般化とトービンの分離定理

　ここまで2つの危険資産の組み合わせについて議論を展開しましたが，これをより多くの危険資産に応用しても基本的なエッセンスは失われません。まず，すべての危険資産の投資可能な集合のうち，リスクが最小になるようなポートフォリオの集合を**最小分散フロンティア**と呼びます。最小分散フロンティアの下半分は平均分散基準より選ばれることはありませんから，上半分が選択されます。よって，最小分散フロンティアの上半分を**効率的フロンティア**と呼びます。

　次に安全資産を導入します。最も資本分配線の傾きが大きくなるように危険資産の組み合わせ方が決定されますので，最適リスキーポートフォリオが決定されます。最終的には，安全資産と最適リスキーポートフォリオの組み合わせ

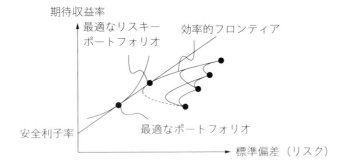

図表9-11　最適ポートフォリオ

方は私たちの効用に基づいて選択されることになり，図表9-11のとおり最適なポートフォリオが決まります。

　J.トービンの1958年の論文によって示された分離定理と呼ばれる考え方を用いて，ここまでの議論を明確にしましょう。トービンは，最適なリスキーポートフォリオの決定問題と自身の最適なポートフォリオの選択問題は独立した問題であることを示しました。つまり，異なる危険回避度を持つ投資家であっても，危険資産の組み合わせ方は誰もが共通です。個人間で異なるのは，安全資産と危険資産の比率であり，これは私たちの選好の問題から決定されます。このようにして，皆に共通して選択される危険資産の組み合わせである最適リスキーポートフォリオを**市場ポートフォリオ**と呼びます。

第10章
一般均衡と資産価格

本章ではここまでの考え方を一般均衡のもとで再検討することにしましょう。均衡モデルとして特徴付けるためには，どのような個人が市場に存在しているのか，需給均衡がどのようになっているのかなど，検討する必要があります。W.F. シャープが1964年，J. リントナーが1965年に，J. モッシンが1966年にそれぞれ別の論文で示した資本資産価格モデル（The Capital Asset Pricing Model；CAPM）と呼ばれる一般均衡モデルの概略を紹介します。CAPM が描写するのは資本市場における一般均衡であり，リスクの関数として期待収益率が導かれます。

10.1 CAPM における前提条件

一般均衡のモデルとするためにいくつかの追加的な仮定がもうけられます。各経済主体は価格受容者であることが仮定されます。個人の行動は市場価格に影響を与えるほどのインパクトがないことを意味します。次に，すべての資産は公的に取引され，また，税金および取引コストがかからずに取引されると仮定されます。つまり，一部の経済主体しか取引できないような資産はなく，私たちは世界中のあらゆる資産にアクセスできます。また，その際の取引に費用は発生しませんし，得られた儲けに対しても税金がかからないことが仮定されます。また，借入・貸付金利は安全利子率に等しいと仮定されます。最後に，すべての経済主体は合理的に平均および分散に基づいて意思決定すると仮定しましょう。これらのすべての経済主体は資産収益率とリスクに関して同一の期

123

待を形成するものとします。

10.2 CAPM のインプリケーション

CAPM の経済学的な含意について 4 つ紹介します。

第 1 に各経済主体は市場ポートフォリオを保有することが最適になります。トービンの分離定理で議論したように，私たちの選好の問題と危険資産の組み合わせ方は独立した問題です。よって，市場ポートフォリオを保有することが合理的な選択となります。また，市場ポートフォリオは取引可能なすべての危険資産のポートフォリオとなります。すべての投資家は市場ポートフォリオを保有することが合理的ですから銘柄を選択することなどはコストがかかるだけですので，消極的にあらゆる銘柄を混ぜる戦略が最適な行動となります。

第 2 に，市場ポートフォリオはすべての投資家にとって最適なポートフォリオとなりますが，市場ポートフォリオは効率的フロンティアと**資本市場線**の接点となります。資本市場線とは無数に描ける資本分配線の中で最も傾きが大きくなる直線を指します。

第 3 に，市場ポートフォリオの期待収益率の決定要因として，市場ポートフォリオのリターンの特徴は次の 3 つの要因から説明できます。安全利子率が高まるほど，市場ポートフォリオの期待収益率は高まります。これは時間が生む価値が増大するためです。また，各経済主体の危険回避係数もしくは市場ポートフォリオのリスクが大きくなるほど，期待収益率は高まります。

最後に，CAPM の帰結の中で，最も有名な関係ですが，個別証券 i のリスクプレミアムは市場ポートフォリオ m のリスクプレミアム r_m に対する感応度ベータ（β_i）によって決定されるという関係です。この β_i は次式のように個別証券 i の収益率と市場ポートフォリオ m の収益率の共分散を市場ポートフォリオの収益率の分散で割ることで求められます。

$$\beta_i = \frac{Cov(r_i, r_m)}{\sigma_m^2}$$

このとき，各個別証券のリスクプレミアムは市場ポートフォリオのリスクプ

レミアムの関数として次のように求めることができます。

$$E[r_i] - r_f = \beta_i(E[r_m] - r_f) \tag{10.1}$$

この式について上の第1の点について確認することができます。

$$Cov(r_i, r_m) = i \text{ と } m \text{ の相関係数} \times \sigma_i \sigma_m$$

の関係を用いれば,

$$\frac{E[r_i] - r_f}{\sigma_i} = i \text{ と } m \text{ の相関係数} \times \frac{E[r_m] - r_f}{\sigma_m} \leq \frac{E[r_m] - r_f}{\sigma_m}$$

と表すことができます。

　左辺は個別証券 i のシャープ比率で,右辺の分数は市場ポートフォリオのシャープ比率となります。このとき,相関係数の性質より,1以下になりますから,どのような個別証券 i のシャープ比率であっても,市場ポートフォリオのシャープ比率以下にしかならないという関係が示されます。つまり,個別証券の収益率の決定要因を明らかにする一方で,私たちの合理的な選択において,市場ポートフォリオ以外の選択肢がないことになります。

　また,個別証券のリスクプレミアムは,市場ポートフォリオと個別証券間の共変性によって決定される点にも注意が必要です。このことが意味するのは,市場ポートフォリオの変動とは独立して決まる個別リスク要因は個別証券の価格付けには影響しないことを意味します。このことは分散可能なリスクにはプレミアムが付かないということもできます。つまり,証券保有のリスクは β_i から求められる共分散リスクにあるといえます。

　次に,個別証券について β_i の値によって定義を行います。β_i が1より大きな値を取る株式をアグレッシブ株式と呼びます。このような証券は市場ポートフォリオより危険が高く,市場ポートフォリオの期待収益率よりも,当該証券の期待収益率は高くなります。ただし,先に述べたように,シャープ比率で測ったリスクあたりの収益率という観点では市場ポートフォリオよりも劣ります。β_i が0から1の間にあるような株式はディフェンシブ株式と呼ばれます。このような個別証券は市場ポートフォリオより低リスク,かつ,低収益率となりま

す。

　最後に，β_iがマイナスの値を取るような株式はヘッジ株式と呼ばれます。このような株式は市場全体と逆方向に変動します。言い換えれば，他の株式が全体的にパフォーマンスが優れているときには当該銘柄のパフォーマンスが悪化するものの，他の株式のパフォーマンスが悪化するときに，当該銘柄はパフォーマンスが良くなります。仮に，市場ポートフォリオが経済全体の景気を反映するのであれば，不況期においてこのような株式が良いパフォーマンスを発揮しますから，私たちの所得が少なくなるときに，高い収益率をもたらしてくれます。すなわち，私たちの消費パターンを平準化させる役割があります。一般的に家計はより平準的な消費を好むと考えられていますので，このような証券は需要が高まり，高い価格が付き，期待収益率は減少すると考えられます。ヘッジ株式は(10.1)式より，通常安全利子率よりも収益率が低くなることがわかります。つまりコストを払って，保険を買うことによく似ています。

10.2.1　アルファ株

　シャープ比率の意味で資本市場線よりも高いパフォーマンスを発揮する銘柄があるとしましょう。このような銘柄はポジティブアルファ株式(以下アルファ株)と呼ばれ，シャープ比率が市場ポートフォリオよりも高いですから，私たちにとって，より望ましい証券となります。アルファ株は図表10－1のように表すことができます。

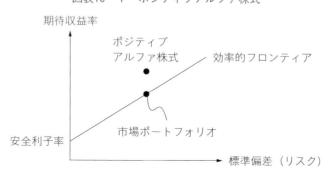

図表10－1　ポジティブアルファ株式

もちろん，このような高いパフォーマンスを発揮する証券はリスクリターンの関係上好ましい証券ですから，投資マネージャーは日夜探し求める努力をするはずです。よって，このような株式銘柄は市場で需要されるため，ただちに価格が上昇することになります。その結果，期待収益率は減少するはずです。資本市場線以上のパフォーマンスを発揮する銘柄が一時的に存在したとしても，合理的な資産選択行動の結果，資本市場線以下のリスクリターン関係になるはずです。よって，このような証券は均衡では存在しないと考えられます。

10.2.2　CAPMの含意と企業の設備投資行動

CAPMは企業にとってはどのような含意を持つでしょうか。株主は市場リスクに対しプレミアムを要求します。これは，企業からすれば実物投資のハードルレート（の一部）を構成します。この点は次のコーポレートファイナンスにおいて，重要な問題となります。

また，企業にとって，リスク分散は必要でしょうか。ここまで見てきたようにリスク分散を行わなければならないのは資産保有を行う側の問題です。よって，経営者は分散可能なリスクに関しては頭を悩ます必要は理論上ありません。たとえば，企業はリスク分散を目的に行う多角化戦略よりも，企業がもつ能力を最大限に発揮できる分野で最大限の努力をすべきであり，リスク分散は資産保有サイドで行う問題であると解釈できます。

第II部　資産価格の捉え方

第11章
債券市場とリスクプレミアム

　ここまで株式を中心にリスクを考えてきました。また，第7章ではリスクを伴わない環境下での時間軸のみに焦点をあてました。本章では債券市場に伴うリスクを考慮しながら，より深く債券市場について検討します。

11.1 債券保有のリスクとプレミアム

　第7章では，発行者が債務の返済ができなくなる債務不履行（デフォルト）の問題は考慮しませんでした。一方で，ビジネスを行えば，借金を返済できないリスクを伴います。貸し手からすれば，そのような債務不履行になる可能性が上昇するほど，高いプレミアムを要求することになります。このことを市場メカニズムをふまえて考えてみましょう。貸し手となる資金供給サイドから見れば，債務不履行リスクが高い借り手は敬遠されます。このような返済能力に問題がある借り手が資金を得るためには，そのようなリスクを貸し手に与えてしまう代わりに平均的に高い利子率を提供しなければお金を集めることができません。このように，企業の信用性は利子率にプレミアムとして反映されます。信用性が低くなるほど，プレミアムが高くなります。

　格付け会社はこのような信用に関する情報を生産する機関であると考えることができます。ムーディーズ，スタンダード＆プアーズ(S&P)，フィッチ，日本格付研究所，格付投資情報センターなどが格付け会社として挙げられます。会社ごとに格付け方法や表示方法に違いがあります。S&Pとムーディーズを例に見てみましょう。大きく分類すると相対的に安全と考えられている投資グ

第11章　債券市場とリスクプレミアム

レードと相対的に危険が高まると考えられる投機対象（ジャンク債）に分けることができます。下の表を見てみると，「very high」と「high」のカテゴリーが投資グレードで，「speculative」と「very poor」が投機対象と呼ばれます。

格付けのカテゴリー

格付け会社	Very high	High	Speculative	Very poor
S&P	AAA or AA	A or BBB	BB or B	CCC or D
ムーディーズ	Aaa or Aa	A or Baa	Ba or B	Caa or C

　また，格付け会社の評価基準の例として，次のような指標が挙げられます。支払利息に対し，フロー所得がどれだけあるかを測るインタレストカバレッジレシオ＝（営業利益＋受取利息および配当金）÷支払利息，財務状況におけるストック変数である負債比率を捉えるレバレッジ比率です。また，利息の支払いや決済などの蓄えとして手元に現金化できる資産をどれだけ保有しているかという意味での流動性比率，債券に対するキャッシュフローも重要な指標となります。また，ビジネスのコストと便益を測る利益率も考慮されているようです。

　これらの情報を利用することによって，私たちは企業の信用リスクを測ることができます。また，私たちも利用可能な会計などの公的情報に基づく部分が大きいため，自分自身でこれらの指標を作成し企業の信用リスクを独自に評価することも可能です。

11.2 ┃ 信用リスクとイールド

　前節で取り上げたように，信用リスクはその利子率に影響を与えます。市場の調整によって，信用度が低い借り手ほど，高い利子率を要求されることになります。当然，デフォルトリスクが高まるほど高いイールドがつきます。このような債務不履行リスクから生じるプレミアムをデフォルトプレミアムと呼びます。このプレミアム自体は格付け会社の情報や業界の傾向，あるいは個別企業の要因に左右されます。たとえば，コーヒー豆が世界的に不作になり，輸入価格が上昇すれば，カフェ業界に影響するといった問題が挙げられます。ある

129

第Ⅱ部　資産価格の捉え方

いは，素晴らしい社長が牽引してきた会社であったものの，2代目，3代目と経営能力が低下していくなどして，デフォルトリスクが企業の個別の理由によって変動することもあります。また，経済全体の景気循環とも密接に関係します。たとえば，好況時に比べ不況下では取引が不活発になり，得意先が倒産するなど，経済状態の悪化はデフォルトリスクを高める可能性があります。すなわち，デフォルトプレミアムは個別企業の要因と経済全体の要因とともに時間を通じて変動するものであると考えることができます。

11.3 │ 利子率の期間構造

　ここまで学んできたように，債券価格はクーポンの現在価値と満期償還額の現在価値の総和に一致することを学びました。また，イールドとは債券の現在価値をその市場価格に一致させる利子率であると定義しました。これらを前提として利子率の期間構造と呼ばれる将来の利子率に関する情報がどのような意味を持つのかについて経済学の考え方を用いて検討します。

　ここまでは単純化のために債券のイールドは時間を通じて一定であるものと仮定しました。一方で，現実的には満期に応じてイールドは変化すると考えられます。よって，以後，毎年利子率は変化するものとして考えることにします。イールドカーブとは横軸に満期までの期間をとり縦軸にイールドをプロットしたものとして描かれます。以下では具体例を用いて，イールドカーブについて考えましょう。クーポン債は計算が少し複雑になりますので，まずはクーポンレートがゼロである割引債を用いて考えましょう。表にあるように満期と市場価格の情報からイールドを求めていきます。そこでここまでの復習として1年債と2年債を計算してみましょう。額面1,000円で価格が952.38円の1年債のイールドは $952.38 = 1{,}000 / (1 + y_1)$ によって求められます。これを満たす y_1 はおよそ5％となります。同様に額面1,000円で価格が890.00円の2年債のイールドは $890.00 = 1{,}000 / (1 + y_2)^2$ によって求められます。これを満たす y_2 はおよそ6％となります。このように計算を繰り返していくと，下表のような関係が得られます。

第11章 債券市場とリスクプレミアム

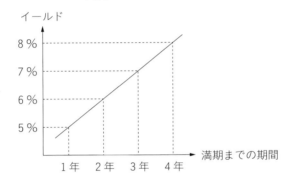

割引債（額面1,000円）

満期（年）	価格	イールド
1	952.38円	5％
2	890.00円	6％
3	816.30円	7％
4	735.03円	8％

図表11-1　順イールド

この例では，$y_1 = 5\%$，$y_2 = 6\%$，$y_3 = 7\%$，$y_4 = 8\%$となり，グラフで表したものが図表11-1となります。このような右上がりのイールドカーブを順イールドと呼びます。この例では満期が遠い将来になるほど，1年当たりの利回りが高くなることを意味します。

応用になりますが，このようなイールドの情報を用いると，異なる期間にわたってクーポンの支払いや償還が行われるより一般的な債券についての価格付けも可能になります。2年間にわたって8％のクーポンが得られ，満期に100円が得られる額面の債券を図表11-1から得られるイールドを用いて価格を計算することができます。この利付債は1年目に8円が得られ，2年目にはクーポン8円と額面100円の合計108円が得られます。このとき，1年後の8円の割引には現在から1年間のイールドを用いて，2年後の108円には2年間のイールドを用いて割り引けば良いでしょう。よって，この利付債の総価値は，

$$\frac{8}{1.05} + \frac{108}{(1.06)^2}$$

となりますから，約103.74円であると計算できます。

11.3.1 将来の短期利子率

　それではイールドレートとは何を意味するのでしょうか。ここで，1期間の割引債を用いたところ現在から来年までのイールドが y_1，2期間の割引債を用いたところ現在から再来年までのイールドが y_2 と求められたとしましょう。また，現在から来年までの短期利子率を r_1，また，来年から再来年までの短期利子率を r_2，を用いて表すことにします。ただし，ここでの将来の短期利子率は無リスクでありすでに確定しているものとします。すなわち，将来のことを私たちは完全予見し取引していると仮定しましょう。まず現在から来年までのイールドの y_1 は短期利子率に他なりませんので r_1 に一致します。

　ここで2年間運用することを考えますが，方法は2つあります。1つは2期債を保有することです。この場合，1円が2年後には $(1+y_2)^2$ 円になることを意味します。もう一方は，短期利子率で2年間で運用することもできます。この場合，1円が1年後には $1+r_1$ 円になり2年後には $(1+r_1)\times(1+r_2)$ 円になります。このとき，両者の取引が同一同種の取引であると市場参加者は見なすでしょう。なぜなら，将来の短期利子率である r_2 は現時点で完全に予測可能であるためです。この下では無裁定条件が成立すると考えられます。もしも裁定機会が存在するならば，$(1+y_2)^2 > (1+r_1)(1+r_2)$〔もしくは不等号の向きが逆〕の関係が成立します。このときには，安い利回りで資金を調達し，高い利回りで資金を運用することでその差額を儲けることが合理的になります。言い換えれば短期利子率での資金需要が高まり，2期債市場での資金供給が高まります。その結果，短期利子率は上昇し，2期債市場での利子率が下落するため，両者が一致するはずです。不等号が逆の場合にも同様の議論ができます。つまり，$(1+y_2)^2 = (1+r_1)(1+r_2)$ の関係が成立します。あるいは $1+y_2 = \sqrt{(1+r_1)(1+r_2)}$ と表すこともできますが，これは，相乗平均（幾何平均）と呼ばれる平均概念に一致します。言い換えれば，2期間のイールドであれば，現在から来年まで

第11章　債券市場とリスクプレミアム

の短期利子率と来年から再来年までの短期利子率を平準化したものと考えることができます。また，3期間のイールドも同じように計算できるので確認してみましょう。

11.3.2　フォワードレート

前節では将来の短期利子率についていくつか前提をもうけました。1つは将来の短期利子率がリスクを伴わないということです。これが意味することは将来実現する利子率は現時点ですでに決まっていることを意味します。一方，実際には将来の短期利子率はリスクを伴います。現在予測する将来の短期利子率はあくまで期待となります。これに対し，フォワードレートとは，現時点で決める，将来を起点とする利子率の契約となります。たとえば，来年から再来年までの利子率 f_1^2 での貸借取引を現時点で契約することになります。ここで契約される f_1^2 の利子率は市場参加者の期待を反映することになります。

ここで前節と同様に2期間投資することを考えましょう。2期債の取引市場で決まる y_2 というイールドは市場で調整されます。また，現在から来年までの短期利子率である r_1 もまた短期金融市場で決定されます。同様に，来年から再来年までのフォワードレート f_1^2 についても市場参加者にとって，現在契約が可能な将来の利子率となりますから市場で決まります。このとき，裁定の考え方から以下の関係が成立することがわかります。

$$(1+y_2)^2=(1+r_1)(1+f_1^2) \tag{11.1}$$

あるいは，次のように表すこともできます。

$$1+y_2=\sqrt{(1+r_1)(1+f_1^2)}$$

つまり，2期間のイールドは短期利子率とフォワードレートの幾何平均となります。また，フォワードレートの決定式として以下のように表すこともできます。

$$1+f_1^2=\frac{(1+y_2)^2}{1+r_1}$$

たとえば $y_2=4\%$ とし $r_1=3\%$ として考えてみましょう。現在から再来年ま

133

で１円を運用すれば，$(1.04)^2 = 1.0816$円となります。また，現在から来年まで資金を１円運用すれば1.03円となります。来年から再来年まで現在契約可能なフォワードレートは1.0816／1.03より，およそ５％になります。

11.4 イールドカーブの経済学的含意

現在から来年までのイールド y_1，現在から再来年までの（１年あたりの）イールド y_2 について，$y_1 < y_2$ であれば右上がりの順イールドと呼ばれ，$y_1 = y_2$ であれば平らな形状の水平イールドと呼ばれ，$y_1 > y_2$ であれば右下がりになりますから逆イールドと呼ばれます[1]。また，現在の短期利子率 r_1 と現在から来年までのイールド y_1 は期間がまったく同じですから等しくなることに注意しましょう。

現在から来年までの短期利子率 $1 + r_1$ と来年から再来年までのフォワードレート $1 + f_1^2$ の（幾何）平均として $1 + y_2$ が導かれることを確認しました。順イールドを例に挙げると，$r_1 = 2$％，$f_1^2 = 3$％であれば，(11.1)式にあてはめると y_2 はおよそ2.5％になることを確認できます。つまり，順イールドであれば，フォワードレート f_1^2 は短期利子率 r_1 よりも高くなります。また，水平イールドであれば，フォワードレート f_1^2 は短期利子率 r_1 に等しくなります。最後に逆イールドであればフォワードレート f_1^2 は短期利子率 r_1 を下回ることを意味します。それではイールドカーブはどのような経済学的な含意を持っているのでしょうか。ここでは，２つの仮説を紹介することにします。

11.4.1 期待仮説

１つ目に紹介する仮説は（純粋）期待仮説と呼ばれるものです。期待仮説のもとでは短期債と長期債は完全代替であると仮定されます。２期債を保有することと１期債を１年ずつ更新しながら２年間保有することに，差がないことを意味します。また，フォワードレートは将来の短期利子率の期待を反映すると考えます。すなわち，来年から再来年までのフォワードレート f_1^2 は，来年実現する短期利子率 r_2 に対し現在市場で予測されている期待値 r_2^e に一致します。

このもとでは長期のイールドは短期利子率と将来の短期利子率の積を表しま

すので，

$$(1+y_2)^2=(1+r_1)(1+r_2^e)$$

という関係が成立します。事前に市場で形成されたフォワードレートが将来実現する短期利子率を平均的に予測できているかをテストすることになります。しかしながら，実証テストの多くはこの仮説ではデータをうまく説明できないことを報告しています。

11.4.2　流動性選好仮説

　次に紹介する仮説は流動性選好仮説と呼ばれるものです。長期債は短期債よりも流動性の観点から投資家から好まれない可能性があります。その結果，償還までの満期が長い長期資産ほど，価格が下落し，利子率が上昇する効果，すなわち，流動性プレミアムが高くなると考えられます。

　このことが意味するのは，長期資産のイールド y_2 にプレミアムが付きますが，一方で相対的に流動的な資産である短期利子率 r_1 にはこのプレミアムはほとんど付かないことになります。よって，$1+y_2=\sqrt{(1+r_1)(1+f_1^2)}$ を思い出せば，y_2 はプレミアム分だけ上昇するのに対し，r_1 にはそれが付きません。よって，この効果を調整するためにはフォワードレートが上昇することを意味します。一方で，来年における短期利子率 r_2 は相対的に流動的な資産になりますから，いざ実現するときには流動性が相対的に高い資産になります。よって，流動性が下がることにより利子率が上昇する効果はフォワードレート特有の効果となります。フォワードレートにはプレミアムが反映されますから，現在期待される将来の短期利子率よりも高まることを意味します。それゆえに，$f_1^2>r_2^e$ という関係で表すこともできます。流動性選好仮説では，満期が長い債券になるほど，高いプレミアムが要求されますから，イールドカーブを順イールドの形状に近づける効果を持つと考えられます。

11.4.3　イールドカーブの長短金利差

　イールドカーブは長期国債と短期国債の市場利子率の情報が含まれていると考えられます。この長短金利差が将来の経済活動を予測する上での先行指標と

第II部　資産価格の捉え方

なることが多くの研究により示されています。長短金利差が拡大すると将来の景気が良くなる傾向があり，一方で，長短金利差が縮小すると将来の景気が悪化する傾向があると言われています[2]。

　2016年9月に日銀は長短金利操作を導入しました。これはイールドカーブ・コントロールと呼ばれています。具体的には短期金利について，日銀当座預金の一部についてはマイナス金利を導入し，長期金利については10年国債が0％程度で推移するよう調整しています。

1　これらは3期間以上に拡張しても同様です。
2　福田・中尾田［2013］の分析では，これらの頑健性だけでなく，長短金利差の先行指標性に対し生産性などのマクロ経済要因とともに金融政策の果たす役割が重要であることが示されています。

第 **12** 章
効率的市場仮説

　本章では2013年にノーベル経済学賞を受賞したE.ファーマの1970年の論文によって提示された効率的市場仮説（Efficient Market Hypothesis：EMH）について検討します。経済学で効率性という言葉は資源配分上の効率性と情報の意味での効率性が用いられます。資源配分上の効率性はミクロ経済学の厚生経済学の第一定理などで議論されますし金融経済学の分野では重要な役割を果たしますがここでは割愛します。一方で，本章では情報効率性が議論の中心になります。

　M.ケンダルの1953年の論文によって株式の市場価格について以下のような現象が報告されました。それは，株価について予測可能な変動は存在せずに，ランダムに動いているのではないかという報告です。発見当時は市場に失望感を与えました。なぜなら，どのように分析しようが株価の将来予測はできないことを意味するためです。しかし，後にこの事実は市場が効率的であることのサインであると受け取られるようになりました。

　証券に i に対する価格付けとして以下のような定式化を考えました。

$$E(P_{i,t+1}|\Omega_t)=[1+E(r_{i,t+1})|\Omega_t]\cdot P_{i,t}$$

　ただし，ここでの E は期待値オペレータ，$P_{i,t+1}$ は $t+1$ 時点での証券 i の価格，$r_{i,t+1}$ は $t+1$ 時点までに実現する証券 i の純リターン，Ω_t は t 時点で利用可能な情報集合となります。$t+1$ 時点で実現する価格や，純リターンはリスクを伴いますので，期待値によって表現されます。

　重要な点は期待形成において，市場参加者はあらゆる利用可能な情報を用い

予測を行うことです。すなわち，株価に影響を与えるような新しい情報も期待に反映されることを意味します。それではここでの利用可能な情報とは何を指すのでしょうか。E. ファーマは1970年に発表した論文で情報集合 Ω_t について3つの段階で定義することで，効率的市場仮説を体系化しました。

弱効率的市場仮説（weak form EMH）とは情報集合が過去の株価情報のみを指します。この定義の下では，現在の市場株価には過去の株価情報がすべて含まれていることを指します。よって，過去の株価情報を利用しても追加的なリターンである超過収益率を得ることはできません。

準強効率的市場仮説（semi-strong form EMH）においては，情報集合に企業のあらゆる公的情報が含まれます。公的情報とは，ニュースや企業のサイトなどから私たちが公に利用できる情報はすべて株価に織り込み済みであるという考え方です。もちろん，過去の株価情報も公的情報に含まれます。たとえば，会計情報などを利用しても，やはり超過収益率は得られません。

強効率的市場仮説（strong form EMH）とは情報集合に企業しか知り得ないような私的情報まで反映されます。これは，経営者しか知り得ないようなインサイダー情報も（インサイダー取引を通じて）株価が反映してしまうことを意味します。また，この情報集合には先に定義した2つの情報も含まれます。

つまり，情報量に関する定義は3段階ありますので，それぞれの枠組みの下で市場の株価の形成を想定する必要があります。また，弱効率性における情報集合よりも，準強の効率性における情報集合の方がより情報量が多く，さらには，強効率性における情報集合がもっとも情報量が大きくなります。これらは Ω_t の範囲の定義となります。

市場が完全に効率的であれば，投資家は利用可能な情報を用いてもすでに株価はそれらの情報を反映済みですから追加的にリターンを得ることはできません。これを少し数式で表現することを考えましょう。ここで，実際に $t+1$ 時点において実現する株価を $P_{i,t+1}$ と表しましょう。このとき，$t+1$ 時点に実現した価格と t 時点に予測された価格の差を $\epsilon_{i,t+1}$ と表すことにします。つまり，

$$\epsilon_{i,t+1} = P_{i,t+1} - E(P_{i,t+1}|\Omega_t)$$

となります。このとき，市場が効率的である限り，利用可能ないかなる情報を

用いても追加的なリターンが得られないことは，情報集合のもとでの期待値の意味で $E(\epsilon_{i,t+1}|\Omega_t)=0$ の関係が満たされることを意味します。

将来の株価を予測するためにたとえどんな情報を用いたとしても，投資家の売買を通じ株価はただちに新しい情報に反応することになります。よって，既存の情報を用いても将来の株価の変動は予測不可能になります。同時に，株価はすべての利用可能な情報を反映することになります。結果として，将来の株価はランダムウォーク（酔歩；*random walk*）に従うという考え方です。この仮説のもとでは，株価はあらゆる情報に直ちに反応することになります。つまり，新しい情報が出るやいなや市場参加者の合理的な行動によって価格が修正されます。このような情報獲得競争によって株価は新しい情報をすぐに反映することになります。

12.1 消極的投資の合理性

効率的市場仮説が成立することを前提としたときに，私たちの資産運用方法にどのような影響を及ぼすかについて検討しましょう。テクニカル分析は過去の価格情報や取引量を用いて将来の株価変動を予測する分析手法です。大きな書店に行ってみれば，今手にしているこの本にくらべ，テクニカル分析に関する書籍が圧倒的な量で積み上げられているはずです。表紙もかなりセンセーショナルな表記がなされているでしょう。それらの書籍では，過去の株価データから移動平均線（過去の株価の傾向）を求めて，将来の予測を行うことなどを推奨します。しかし，このようなアプローチは弱効率的市場仮説に矛盾します。なぜなら，過去の価格の変化は現在の株価に織り込み済みですから，このような情報を用いて儲けることは不可能であることを意味します。

ファンダメンタル分析とは会計情報などを利用することで企業の将来の業績など企業のあるべき株価を考えながら，将来の株価の変動を予測する分析手法です。たとえば，今後のマクロ経済の動向予測，企業の潜在的な収益性や，配当情報，先に挙げた β リスクの分析などが対象になります。しかし，このような分析を行ったところで，準強効率的市場が成立しているのであれば，これらの情報もすでに株価に織り込み済みです。よって，このような情報から超過収

第Ⅱ部　資産価格の捉え方

益率を得ることはやはり不可能であることを意味します。それでは効率的市場仮説を前提とするならば，合理的なポートフォリオマネジメントとはどうあるべきでしょうか。

テクニカル分析やファンダメンタル分析に基づいて優良と思われる株式を探し，頻繁に銘柄の入れ替えを行うような積極的なポートフォリオマネージャーを想定してみましょう。頻繁な銘柄の入れ替えを行えば取引コストが上昇してしまいます。また，効率的市場仮説のもとではこのような努力は徒労であり，超過収益率は見込めませんから資金の浪費に他なりません。

一方で，市場ポートフォリオで運用することだけを考える消極的なポートフォリオマネージャーを考えてみましょう。言い換えれば，インデックスのような市場ポートフォリオに資金を投入するだけですから，徒労もなければ，取引コストも抑えられます。つまり，効率的市場仮説のもとでは，ポートフォリオマネージャーの役割はリスク分散を可能な限り行うこと，また，税金の支払いを最小化することも制度との関連で重要な問題になります。また，後に見るデリバティブズなどの保険機能をうまく利用しながら分散できないリスクに備えたヘッジを適切に行うことも，重要な問題です。

12.2 効率的市場仮説とデータの関係

次に現実のデータが効率的市場仮説を支持するのかについて紹介します。効率的市場仮説のもとでは，株式の収益率はランダムに発生する現象になります。その結果，莫大な富を得た個人がいたとしても，そのようなパフォーマンスが個人のスキルに基づくものか偶然の賜物かを識別できない問題があります。また，誰かが確実に勝てるような新しい戦略を見つけたとしても，大発見の戦略について誰にも教えないと考えられます。なぜなら，皆が知れば，皆が模倣する結果，裁定が働き超過収益率が消えるためです。よって，高いパフォーマンスを上げていること自体では，幸運によるのかスキルによるのかを判断できない問題があります。効率的市場仮説で捉えきれる現象が数多く存在する一方で，例外的に説明できない現象（市場アノマリーズ）が報告されています。そのいくつかを紹介しましょう。

12.2.1 弱効率的市場仮説のテスト

　株式市場では短期のモメンタムが存在することが報告されています。これは価格の上昇や下落が短期的に継続することを意味します。現実にモメンタムが存在するのであれば，短期的には順張り戦略と呼ばれる戦略が有効になりうる可能性があります。しかしどのくらいの期間モメンタムが持続するのかはそれほど明らかではありません。

　また，中長期的にはリバーサル現象が存在することも報告されています。これはモメンタムが起こった後に，回帰する現象を指します。このことに対しては，逆張り戦略と呼ばれ，上昇している株式に対して将来の下落を狙って空売りを行い，下落している株式に対して将来の上昇を予測して買い行動を行う戦略を指します。

　つまり，モメンタムやリバーサル現象を所与とすれば，過去の価格情報を利用した取引戦略が超過収益率を生み出す可能性を排除できません。これらの現象はファッズ仮説（fads hypothesis）が原因である可能性が指摘されています。ファッズ仮説とは人々が他人の行動を模倣する結果，生まれる現象として説明されます。たとえば株価が上昇し始めると流行に乗って，人々が模倣するかもしれません。すると，間違った価格（ミスプライシング）が継続して付いてしまう可能性があります。つまり，ニュースに対する過剰反応といえるでしょう。もちろん，これらはミスプライシングですから，いずれは間違いであると気づき，価格が元に戻ることになります。これがリバーサル現象であると解することができます。

　また過去に相対的にパフォーマンスが良かった銘柄群（ウィナーポートフォリオ）にくらべ，過去にパフォーマンスが悪かった銘柄群（ルーザーポートフォリオ）の方が超過リターンが高くなることも報告されています。このことも過去の株価情報によって超過リターンが得られる可能性を提示します。

12.2.2 準強効率的市場仮説のテスト

　また，市場アノマリーズと呼ばれる，株価の変動について合理的な説明がつかない現象もいくつか報告されています。たとえばP／E効果と呼ばれ，企業の

第Ⅱ部　資産価格の捉え方

株価／１株あたり利益が低いと期待収益率が高くなる現象，小型株効果と呼ばれるアノマリー現象は，小さな企業ほど，期待収益率が上昇する現象，また，簿価時価比率効果と呼ばれる，簿価が相対的に高い企業ほど期待収益率が上昇する現象などがあります。利益報告後の価格ドリフトと呼ばれる，会計報告後にパフォーマンスが優れていた企業は株価が継続して上昇し続け，パフォーマンスが悪い企業は株価が継続して下落する現象が報告されています。

　しかしながら，これらはいずれも会計情報など過去の公的情報に基づくものですから，準強効率的市場仮説に反する現象です。

　一方で，これらの現象において，超過収益率が観測される原因として，理論上捉えきれていないリスクプレミアムが原因である可能性もあります。たとえば，小型株効果は，小企業独自のリスク要因を反映している可能性があります。小さな企業は市場での売買が相対的に少なくなり流動性リスクが高まっている可能性がありますし，小企業の資金制約などの問題もあるのかもしれません。

　つまり，何らかのリスク要因によって生み出された超過収益率である可能性は，現段階では完全には否定できません。

第13章
デリバティブズ

　本章では金融派生証券，デリバティブ証券，デリバティブズとよばれる証券について学習します。これらの証券は，価格が原資産となる他の証券の価格に依存して決定されます。原資産とは日経平均，利子率，為替レートなどが挙げられます。その意味で，（他資産の価格によってその価値が決定される）条件付き派生証券となります。これらの証券はヘッジ目的や，投機目的で利用されます。主な分類としては，先物・先渡し，オプション取引，スワップ取引が挙げられます。順番に見ていくことにしましょう。

13.1 先物・先渡取引

　先渡取引とは取引当事者間で，あらかじめ定められた将来時点およびあらかじめ定められた価格で，ある証券を受け渡す相対取引となります。相対取引とは市場取引とは異なり当事者間で価格が決定されます。たとえば，ある輸出企業が，将来において輸出先の会社に対して1,000ドルの受け取りの決済が行われるとしましょう。この場合，将来1,000ドルを受け取って円に交換する際の為替レートは変動しますから，その意味でリスクを伴う取引となります。このとき，リスクヘッジ手段としてある銀行とあらかじめ先渡取引の契約を行うことができます。つまり，将来の1,000ドルを円に交換する取引を前もって契約してしまうことが可能です。このような取引を行えば，この輸出会社はリスクを第三者（この場合では銀行）に移転することができます。

　次に先物取引について考えます。こちらは先渡取引とは異なり，取引所にお

143

第Ⅱ部　資産価格の捉え方

ける取引となります。あらかじめ定めた将来時点までであればどのタイミング
でも決済が可能です。また，不特定多数の参加者により架空の証券を売買する
ことになります。また，先物市場として，このような架空の証券の市場価格が
需給バランスから決められています。あらかじめ定めた価格によって取引され
る点は先渡取引と同じです。たとえば，ある金融機関が国債の値下がりを予測
して，先物国債を140円で売り立てる（あらかじめ将来までに140円で売ること
を契約する）契約を考えましょう。この金融機関は期日までに先物の市場価格
で購入し，140円で売らなければなりません。このとき，期日前に先物の市場価
格が130円まで下落し，先物国債を売ってポジションが解消されるとしましょ
う。もちろんこの場合，架空の証券の取引ですから，130円で買って140円で売
る取引が実際に行われるわけではなく，差額の10円のみを差金決済として受け
取ることになります。

13.2 ｜ スワップ取引

　スワップ取引の代表例としては，通貨スワップと金利スワップが挙げられま
す。具体的に考えることにしましょう。たとえば，企業Aが銀行Aから固定金
利で借入れを行っているのに対し，企業Bが銀行Bから変動金利で借入れを
行っているとします。単純化のため，ここでは企業Aと企業Bの借入額は等し
いと仮定します。次に，企業Aは変動金利に切り替えたいのに対し，企業Bは
固定金利に切り替えたいと考えているとしましょう。彼らにとっての1つの選
択肢は借り換えを行うことになりますが，もう少し簡単な方法として企業A・
Bの間でスワップ取引も可能です。企業Aは企業Bに変動金利を支払い，企業
Bは企業Aに固定金利を支払うスワップ取引を行うとしましょう。ここでのス
ワップの意味は，元本自体の取引ではなく，それに付与された金利契約の部分
のみを交換する（剝ぎ取って交換する）という意味です。借入額は等しいので，
企業Aは企業Bから得た固定金利を銀行Aに支払い，同時に企業Bに変動金
利を支払いますから，結果的には変動金利で支払うことと同じ結果になります。
また円建て債務とドル建て債務の間での為替レートのみを交換する為替スワッ
プなども用いられています。

144

13.3 オプション取引

オプション取引とは，あらかじめ決められた期日あるいは期限内にあらかじめ定められた行使価格で原資産を売買する権利を指します。オプションには将来のある時点でのみ権利を行使することが可能なオプションをヨーロピアンオプション，将来のある時点までどのタイミングでも自由に権利を行使することが可能なアメリカンオプションがあります。以下では簡略化のためにヨーロピアンオプションについて考えることにしましょう。

コールオプションとは，原資産を購入する権利を指します。その際，将来時点で購入可能な行使価格と呼ばれるある特定の価格が定められています。また，あらかじめ将来の期日も設定されます。また，プットオプションとは，原資産を売却する権利を指します。その際，将来時点で売却可能な行使価格があらかじめ設定され，コールオプション同様に将来の期日も設定されます。

コールオプションの買い手は原資産をある価格で買う権利を持つのに対し，売り手はある価格で売る義務を負います。プットオプションも同様に買い手は原資産をある価格で売る権利を持つのに対し，売り手はある価格で購入する義務を負います。いずれもオプションの買い手は権利があるのに対し，売り手は義務が発生します。オプションを得るため現在支払う価額を購入価格，オプションプレミアムもしくはプレミアムと呼びます。これはコールオプションの売り手に対する支払額となります。

コールオプションの買い手は原資産を行使価格で購入することができる権利を得ていますから，行使価格よりも市場価格が上回れば，権利を行使することで，（コールオプションの売り手から）安く買って，（市場で）高く売却することにより利得を得ることができます。また，行使価格よりも市場価格を下回れば，権利を放棄することができます。すなわち，コールオプションの購入者は原資産を買う義務はありません。

同様にプットオプションの保有者は行使価格で売却する権利を保有していることになります。よって，行使価格よりも市場価格が上回れば，権利を行使し，（市場で）安く購入し，（プットオプションの売り手に）高く売却することによ

第II部　資産価格の捉え方

り利得が得られます。また，行使価格が市場価格を上回れば，権利を放棄することになりますから，プットオプションの購入者が原資産を売る必要はありません。

13.3.1　オプションの権利行使

それではどのような時に権利を行使することになるでしょうか。イン・ザ・マネーとは，コールオプションであれば行使価格＜市場価格の関係が成立する場合を指します。つまり権利を行使することで利得が得られる場合となります。よって，プットオプションであれば行使価格＞市場価格の関係が成立する場合となります。いずれもオプションの権利を行使すべき状況を指します。アット・ザ・マネーとは，コールオプション，プットオプションいずれにおいても，行使価格＝市場価格の関係が成立する場合を指します。つまり，権利を行使することと，放棄することが無差別な状況になります。アウト・オブ・ザ・マネーとは権利を放棄することが合理的な場合を指します。イン・ザ・マネーの場合と不等号が逆になります。

オプション契約はさまざまですが原資産がどのような資産かによっていくつか呼び方があります。たとえば，ストックオプションとは原資産が特定の株式の場合に用いられます。従業員ストックオプション制度などもこれに含まれます。また，インデックスオプションと呼ばれる，日経平均株価を原資産とするオプションは代表的なオプション取引です。それ以外にも外国為替オプション，金利オプションなどが挙げられます。

13.3.2　オプション保有の利得

それではコールオプション取引を具体的に考えてみましょう。

満期における原資産の価格を S_T としましょう。また，行使価格を100円とします。このとき，コールオプションを保有することで，S_T-100 もしくは 0 の大きい方を選ぶことができます。つまり，市場価格が100円を上回れば，行使されますし，100円であれば，権利行使と放棄が無差別になりますし，100円未満であれば権利を放棄することになります。

一方で，コールオプションを売却する場合にはどうなるでしょうか。権利が

図表13−1　コールオプション

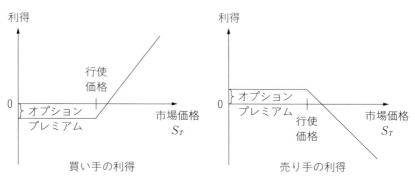

行使されれば，$100-S_T$ を支払わなければなりませんし，権利が放棄されれば，支払いはゼロとなります。つまり，コールオプションの取引だけに着目すれば買い手から売り手へとリスクが移転していることを意味します。これに関連し，あらかじめオプションプレミアムが買い手から売り手へと支払われることに注意しましょう。つまり，権利行使時において，合計で見れば，S_T-100-オプションプレミアムがコールオプションの買い手の合計の利得になります。同様にオプションプレミアム$+100-S_T$ がコールオプションの売り手の合計の利得になります。たとえばオプションプレミアムが15円であるとすれば，コールオプションの買い手と売り手の利得について**図表13−1**から確認できます。

同様にプットオプションの場合も**図表13−2**のように表すことができます。

図表13−2　プットオプション

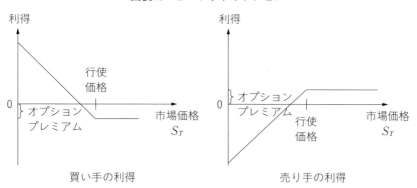

第II部　資産価格の捉え方

　オプション取引は買い手と売り手では意味が異なります。購入者の場合，自身の予測と同様に株価が変動すれば，大きな儲けを得ることができる一方で，予測が外れれば，オプションプレミアムを失うことになります。一方で，売却者の場合，ただちに，オプションプレミアムを得ることができます。また，自身の予測どおりに株価が変動すれば，何も失わずに済みますが，予測が外れれば，莫大な損失を負う可能性があります。原資産を保有しないため，このような取引は少額のプレミアムを支払うことで，原資産の取引と同様の利得が得られます。

第III部

コーポレート・ファイナンス
(企業金融)

第14章
投資理論

　第Ⅱ部では金融資本市場において資産価格がどのように決まっているかを学びました。証券価格は，金融資本市場の参加者がその内容を評価した結果です。リスクが高い株式や社債は，期待できる投資収益率が高くなるように，価格が決まります。これを前提として，企業は新規事業（プロジェクト）を選択します。

　この章では，企業によるこの選択について学びます。投資家が株式や債券といった証券に資金を投入する場合と違って，企業が資金を投入する先は，原則として，実際にヒト・モノ・情報（および投入するカネ）を使って実施される事業です。顧客に販売する製品を生産するため工場を建て，原材料を購入し，従業員を雇って生産を行い，宣伝・広告を行って，製品を顧客向けに売り出すのです。両者を区別するために，前者は金融投資，後者は実物投資ということがあります。この章は，「正しい」実物投資を行うにはどういう基準で判断すれば良いかを学びます。

　企業は営利目的の事業法人ですから，儲かる事業，すなわち，会社から出て行く費用以上の収益が会社に入ってくる「黒字」の事業を実施すれば良いように思われるかもしれません。結論をあらかじめ述べておくと，黒字というだけではダメです。なぜダメなのかについて学んでいくために，そもそも企業はどういった活動をしているか，振り返ることから始めましょう。

14.1 ｜ 実物投資の決定理論

　企業は財やサービスの生産者です。市場では直接得られない財やサービスを

第III部　コーポレート・ファイナンス（企業金融）

市場に提供しています。例として，パソコンを作っている企業Ａ社を考えます。キーボード，内蔵ディスク，CPU，メモリーなどパソコンの構成部品は，他の企業から買い入れることができます。「パソコン」という製品の原材料は，市場で提供されているのです。パソコンが欲しい消費者（顧客）が，自分でパーツを買ってきて自分で容易に組み立てられるのであれば，誰もＡ社のパソコンを買わないでしょう。また，CPUやメモリーなどは，製造技術の特性上，１度に大量生産した方が１個あたりの製造コストが下がります。そのため１万個といった一括購入をすれば部品の単価（１個あたりの購入費用）を低くできます。しかし１万台ものパソコンを必要とする個人はまずいないでしょう。したがってパソコンの製造販売をビジネスとするＡ社が，パソコンを低コストで製造するため大量生産し部品を一括購入することに十分な意味があります。

　パソコン製造会社の存在理由は，顧客が求めるパソコンを顧客自身が市場取引を通じて作り上げるのが難しいか，仮に顧客が自らできることであっても会社の方が安い費用で製造できることです。部品の調達から組み立てまでを１人で行うより，多くの人で分業した方が，ずっと短時間で費用も安く製造できるといった製造技術上の特性も，企業の存在理由となります。

　さて，資金の出入りという観点からＡ社を眺めてみましょう。部品を市場から購入し，分業に必要な人々（労働者）を雇うには，部品代や賃金の支払いが必要です。パソコン製造（Ａ社事業）にかかる「費用」として，Ａ社はお金を支出します。どのようなスペック（仕様）のパソコンを顧客が求めているか，そのスペックのパソコンは価格をいくらに設定すると何台売れそうかといった市場調査を行う人々，製品を宣伝・広告し販売するための人々，Ａ社内で人々がバラバラに動くのではなく組織的に活動するための管理に携わる人々を雇うことも，必要になります。Ａ社はパソコンの製造・販売から「収益」を得ます。収益から費用を差し引いて求められる「利益」[1]がプラスになるように，企業は事業計画（ビジネスプラン）を立てています。

　これが事業「計画」というところに，コーポレート・ファイナンスのエッセンスがあります。企業の生産活動には時間がかかり，収益を得られるのは時間的に最後であるにもかかわらず，生産を始める段階および生産中に費用支出が先行します（図表14−１）。全体を通じてみると収益が費用を上回ることが見込

152

図表14-1　財・サービスの生産活動と資金の出入り

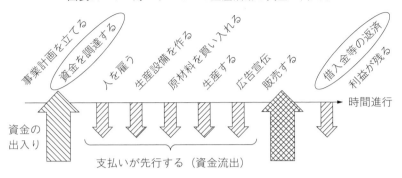

める黒字の事業であっても，企業は支出する資金があらかじめ必要で，資金を調達するコーポレート・ファイナンスを行います。この事前の資金調達では，金融資本市場の参加者，具体的には，資金提供者となる（潜在的な）投資家に対して「事業計画」を示し，それが黒字となる見込みであり投資家はその企業への資金提供から「損はしない」見込みであるということを納得してもらわなければなりません。そのためには，投資家がどのように考えるかを読み込んだ上で，条件を提示し，交渉し，契約にこぎ着けるといったことも必要になります。

さて，事業「計画」としてはさまざまなプランが考えられますが，その中から適切なものを選んで実行します。これは，初めてデートに応じてくれた彼女と一緒に過ごす1日は，海へドライブに行くか，水族館へ行くか，遊園地へ行くか，映画を見てショッピングをするか，いろいろな可能性を考えて，その中からどれかを選ぶのと似たような状況です。どういった1日にすれば彼女が最も喜ぶかは彼女の好みに依存しますから，彼女の「好み」，あるいは彼女は何を高く「評価」するかが重要なことは，いうまでもないでしょう。では，事業の場合，その「評価基準」は，何なのでしょうか。

これへの答えは，企業の形態[2]と関連しています。一般的な会社形態は，株式会社です。広く一般から事業資金を集めるのに適している形態が株式会社であり，大規模な資金を必要とする事業は株式会社で行われています。そこでこの章では，株式会社を念頭において話を進めます。

第III部　コーポレート・ファイナンス（企業金融）

　事業の評価基準を考える第1歩として，次を考えてみてください。株式会社で事業や業務を管理しているのは誰でしょうか。適切な事業の選択という，選択そのものを業務（仕事）としている人がいるのでしょうか。それは代表取締役社長でしょうか。社長や常務，専務をメンバーとする執行役員会でしょうか。利益を出すために事業を縮小し，それに伴って多数の従業員を解雇するという「事業計画」を立てると，労働組合から反対意見が出ることがあります。この反対意見は，事業選択に反映されるのでしょうか。

　事業を選択する人ないし組織（以後「機関」と呼びます）は，彼らが最も良いと考える基準で事業を選びます。したがって，事業の評価基準は，事業選択の権限を誰に（どの機関に）与えられているのかによって大筋が定まります。そして会社にどのような機関を設置し，それらにどのような権限を与えるかは，会社法とその会社独自の定款が定めています。これらは企業統治の問題です。

　本章では，企業価値を事業の評価基準とします。企業価値を高める事業を「良い」とし，可能であれば，企業価値向上につながる事業を全て実施することが，この基準に照らして「正しい」事業選択となります。事業の管理者や実施者がいないなど何らかの制約のため，追加できる事業が1つに限られる場合は，企業価値を最も高めるものを1つ選ぶのが正しい選択となります。企業価値の最大化を基準とすることの意義について話を進めるために，まず，そもそも企業価値とは何かという説明から始めます。

14.1.1　企業価値とは

　企業価値という言葉から連想されるとおり，これは誰かが企業を何らかの基準で評価してつけられた数値，金額換算値です。たとえば，パブロ・ピカソ作「アルジェの女たち」という絵画を入手するために100億円支払っても良いと考えているなら，「アルジェの女たち」の，あなたにとっての価値は100億円です。この値は人によって異なるのが普通です。50億円という人もいれば，200億円という人もいるでしょう。その意味でこれは「私的価値」と呼びます。

　さて，所有者がこの絵画を手放すことになって215億円で売買が成立したとすると，「市場価値」は215億円になります[3]。個人的な「私的価値」は人によりさまざまですが，「市場価値」は1つです。この値は永遠不変ではなく，時間の経

過とともに環境もさまざま変わり，それによって変化します。「1つ」という意味は，ある特定の時点における特定の「市場」においては唯一ということです。

　企業の場合も，その会社が行っているさまざまな活動すべてを評価して，金額表示で価値を出すことになります。上場企業では事業活動に関するさまざまな情報が公開されていて，誰でも利用できます[4]。株主は株主総会で事業報告を受けますが，株主でなくても，インターネット等に公開されている「アニュアルレポート」「有価証券報告書」「決算資料」などから，事業活動を知ることができます[5]。これらを評価するのは金融資本市場の参加者で，企業価値は，通常，誰かの私的評価ではなく[6]，その「市場価値」になります。

14.1.2　1期間で終了する事業 A の場合

　企業の事業を評価する場合，その事業から得られる収益やその事業実施にかかる費用が重要です。社会的に高く評価される事業あるいはそうした財・サービスを提供している企業では，その評価は売上高などの収益にも反映されます。

　ここでは最も簡単な例として，事業活動を現在開始して，1年後に終了する事業 A だけを行っている企業を考えます。企業は活動資金の全てを株式発行によって調達し，銀行借入れなどの負債は持たないとします。さらに，事業成果に関するリスクもなく，確実に121万円の収益を得て事業が終了し，事業終了にも費用がかからないものとします。この事業 A の価値はいくらでしょうか。

　まず，金融資本市場における安全資産の投資収益率が10%の場合を考えます。このことは，現在たとえば100万円を安全資産に投資した場合，将来，$100(1+0.1)=110$万円が確実に得られることを意味しています。投資金額が10万円ならば，将来11万円が得られます。では，事業 A の利益と同じ121万円を将来得るためには，現在，安全資産にいくら投資しなければならないでしょうか。この投資金額を y（万円）とすると，

$$y(1+0.1)=121$$

が成立することから，$y=121 / 1.1=110$になります。

　では，次に，事業 A がもたらす1年後の確実な収益121万円の（割引）現在価値はいくらでしょうか。第4章の確定利付債券の現在価値の議論（**4.4**）と同じ

第III部　コーポレート・ファイナンス（企業金融）

ように考えると，リスクのない将来キャッシュフロー（事業 A の収益）の現在
価値は，安全資産の投資収益率を割引率に使った次の計算から，110万円です。

$$将来収益の割引現在価値＝121／(1＋0.1)＝110$$

先ほどの y の値と同じです。このことからわかるように，リスクのない将来
キャッシュフローの割引現在価値は，その将来キャッシュフローと同じ金額を
得るために，現在，安全資産に投資する際の投資金額と一致します。

では，事業 A の価値はいくらでしょうか。これを求めるには，事業にかかる
費用についての情報も必要です。仮にこれを100万円とします。前もって100万
円の資金を調達して事業 A を開始し，部品購入などの支出を行い，将来121万円
の利益を得て終了するのです。現在，100万円を費用として支出しているので，
事業 A の正味現在価値（Net Present Value：NPV）は，割引現在価値からそ
の費用を差し引いた10万円です。改めて確認すると，事業 A の正味現在価値
NPV（A）は，次のとおりです。

$$NPV（A）＝割引現在価値－費用$$
$$＝110－100＝10$$

この正味現在価値の10万円は，（事業 A だけを実施する）この企業の企業価値
です。一般に，企業の存在意義は，市場では得られない活動を行って利益が得
られることです。121万円を将来得るためには，市場では安全資産に110万円投
資しなければなりません。ところが，この企業は生産技術が優れているなどの
理由で，それより10万円分だけ少ない資源投入（金額換算で100万円分）で，将
来121万円の事業収益を得ることができるのです。これはこの企業が存在するか
らこそ可能になったことであり，この企業の社会における存在価値といえます。
この金額換算値が，企業価値になります。

14.1.3　1期間で終了する事業 B の場合

次に，事業 A と同じく 1 期間で事業が終了し，将来121万円の収益を上げる事
業 B を考えます。先ほどと同じく，事業終了自体に費用はかかりません。ただ
事業 A と違って，この事業 B を行うためには，115万円の費用がかかるとしま

す。事業 B の正味現在価値は,

$$\text{NPV (B)} = 110 - 115 = -5$$

マイナスですが,事業 B を行うこの企業は黒字です。なぜなら,売上高に相当するのが121万円で,売上原価や一般管理費などの費用に相当するのが115万円ですから,経常利益は121－115＝6万円となるからです[7]。

黒字が確実なこの企業は,株式を発行して115万円の資金を調達できるでしょうか。115万円持っている投資家の立場に立ってみましょう。これを安全資産に投資すれば,将来,126万5千円の資金を得ることができます。安全資産の投資収益率は,10％だからです。

$$115(1+0.1) = 126.5$$

したがって,121万円しか得られない事業 B を行う企業に,たとえそれが確実であったとしても,資金を出そうという投資家がいるとは考えられません。

社会的に見て,この企業に存在意義があるのでしょうか。残念ながら,その答えは No です。財・サービスの生産には,資金投入分に相当する経済資源の投入が必要です。市場に安全資産がある場合,その背後に,「安全資産」を投資家に売却して得た資金をもとに生産活動を行う,別の企業が存在しています。事業 B を実施する企業の株式に投資するのをやめて安全資産へ投資すれば,115万円分の経済資源は安全資産の背後にある他の生産用途に投入され,事業 B より多くの財・サービスが生み出されます。これでは,すでに存在する「市場」に加え,事業 B のための組織をわざわざ作って生産する意義がありません。社会的にはこの企業が事業 B を行わない方が効率的です[8]。財・サービスの生産に使われる経済資源は希少であり(利用できる量が限られているため),同量の投入からより多くの生産高が得られる方が望ましいと考えられるためです。

利益がマイナスの赤字会社はやがては社内に蓄積していた資産を食いつぶして市場から退出することになります。しかし事業 B を行う企業のように,事業の投資効率は市場より劣るが黒字の場合,必ずしも倒産するとは限りません。社会的に見れば経済資源の無駄遣いをしている効率の悪い事業が,継続される可能性があるのです。どのような仕組みを作ればそうした無駄遣いを中止させ

第III部　コーポレート・ファイナンス（企業金融）

られるかは，ガバナンスの問題です。

14.1.4　投資の決定

　ここまで，事業の価値を企業の価値と読み替えても差し支えがない，企業が1つの事業しか持たない場合を考えてきました。一般に，企業は複数の事業を同時に遂行しています。この場合，企業の価値は遂行している事業全ての割引現在価値の合計となります。

　では，すでにいくつかの事業を実施している企業が，新規事業 N の採用を検討している場合は，どのように考えればよいでしょうか。前節と同じように，新規事業 N の正味現在価値 NPV（N）が，事業 N の価値です。この事業を採用し事業に着手すると，企業の価値は，次式のように変化します。

新規事業実施後の企業価値＝新規事業実施前の企業価値＋NPV（N）

　この式は，企業の価値は遂行している事業それぞれの価値の合計であるということから導かれます[9]。

　すると，新規事業 N を採用すると企業価値の増加につながるかどうかは，その正味現在価値 NPV（N）の正負で判断できます。正味現在価値が正であれば採用し，負であれば採用しないことにすれば，企業価値を増やせます。

　ここでは新規事業の候補が N 1 つだけと想定していますが，候補がいくつあっても考え方は同じです。正味現在価値が正の事業はすべて採用し，負の事業は採用しません。また，事業 N の実施規模を変えられる場合はどうでしょうか。事業規模が変われば，当初費用や将来収益も変わりますから，事業規模ごとに正味現在価値を求めることになります。正味現在価値を最も大きくする事業規模を選択し，その場合の正味現在価値が正になっていれば，事業 N を採択することになります。最適な事業規模での事業 N の採択（事業追加）が，企業価値を最も大きく増加させるからです。

14.2 │ 正味現在価値と NPV 法

　より一般的に，現在 C_0 の費用をかけると事業から N 期間にわたって（将来）

キャッシュフロー $C_1, C_2, \cdots, C_N$ が得られることが期待される場合，その正味現在価値は次のようになります。

$$正味現在価値 = 現在価値 - 費用$$
$$= -C_0 + C_1 / (1+r) + C_2 / (1+r)^2 + \cdots + C_N / (1+r)^N$$

ここで r は割引率です。

前節の例では 1 期間後の収益 C_1 は確実でしたが，一般には，リスクを伴っています。現在時点 t = 0 からみると，将来時点 t > 0 で得られるキャッシュフローはいろいろな値をとる可能性があります。上式の $C_1, C_2, \cdots, C_N$ は，すべて現在時点で求めた将来キャッシュフローの期待値を表しています。

割引率 r として，前節では安全資産の投資収益率を用いましたが，上式ではキャッシュフローのリスクに見合ったものを用います。リスクがあるキャッシュフローの割引率は，市場に存在する資産のうち，このキャッシュフローと同じ程度のリスクを持つ資産の期待収益率を用いるのです。

さて，上記で示した正味現在価値が正であれば，これを生み出す事業を実施し，負であれば実施しないというのが，企業価値を高めるのに必要な投資判断基準となります。このように，正味現在価値 NPV の正負によって投資判定を行う方法を，NPV 法（正味現在価値法）と呼びます。

14.3 リアルオプション

14.3.1 将来へ向けた意思決定

NPV 法では，事業を採用するかどうか，その事業規模なども含め，現在時点において判断します。事業を開始して時間が経過すると，「こんなに製品が売れるのであればもっと大規模な生産設備を作っておいた方がよかった」，あるいは逆に，「生産設備が余ってしまった」ということが起こる場合があります。通常は予想されるキャッシュフローに基づいて正味現在価値を計算しますが，最も好調だった場合，あるいは，最も不調だった場合の将来キャッシュフローをそれぞれ想定して正味現在価値を計算してみることも有効です。特に，将来が最

悪の場合のキャッシュフローから NPV を算出してもやはり正であれば，その事業を採用するのにはそれほど問題がないといえます。

しかし，自社製品より安価で性能がよい他社製品が市場に現れて，どう巻き返しをはかっても以後はマイナスのキャッシュフローがずっと続くという最悪の場合が生じた時は，倒産を避けるためにも事業を中断して撤退するのが賢明です。あるいは逆に，思ったより販売が順調でさらに生産規模を拡大した方がそれ以後のキャッシュフローの増加が見込める場合は，追加投資を行うのが賢明です。

このように，将来，明らかになった状況に対応して事業から撤退したり事業規模を拡大したりすることを明示的に考慮し，それに基づいて NPV を計算し事業採択を決めるのが，リアルオプション法です。通常の NPV 法は，将来キャッシュフローを予想しますが，状況に応じて事業内容を変更することは考慮しません。企業運営においては，さまざまな状況変化に的確に対応することはとても重要です。状況変化をある程度想定し，その対応方法をあらかじめ考えておくということは，経営の本質といえるかも知れません。

14.3.2 リアルオプション

将来の状況変化に対応して事業を変更できるのは，企業がそうした選択肢を持っているからです。こうした選択肢のことをリアルオプションと呼びます。契約によって選択できる権利を誰かから買い取る形をとる金融オプションと違って，リアルオプションは，企業ないし事業がもともと持っている柔軟性が選択肢をもたらします。

将来時点に選択肢があると NPV の計算にどのような考慮が必要になるかを，事業が好調と判明したときにその規模を拡張できる「拡張オプション」を持つ企業の例をもとに考えてみます。金融オプションと同じく，権利を放棄する，すなわち拡張しないという選択も可能なことに注意してください。

具体的には，製造業の D 社が生産設備を労働力が日本より安い外国に建設する例を考えます。製品の主たる販売先も外国です。これまで国内で事業展開してきた D 社にとって，海外進出はさまざまな意味でリスクの大きい事業です。

たとえば10年先のキャッシュフローは，進出先の国が順調に経済発展を遂げ

D社製品がたくさん売れると大きくなります。政治的紛争などにより経済発展が阻害されるとD社製品はさほど売れずキャッシュフローは小さくなります。将来キャッシュフローのリスクが高いのです。リアルオプションはこうしたリスクが高い状況で有効な評価方法です。

　NPV法に従って，将来キャッシュフローの期待値から割引現在価値を求め，設備投資費用を差し引くと負になったとしましょう。リスクが高く，キャッシュフローの現在価値を求める際に使う割引率が大きくなると，NPVがマイナスになりがちです。NPV法では，D社は海外に進出しないことになります。

　このような場合，それほど売れない場合にあわせた小規模な生産設備をまず作り，経済成長が見込めることが確認できた段階で生産設備を拡張するというのがより良い事業戦略です。もし，経済成長が確認されるまでは一切設備投資をしない戦略をとると，リスクは小さくなりますが，経済成長が高かったときは競合他社も多数参入してくるため自社の売上高はさほど大きくなりません。まだ将来が確定しない現段階から，小規模とはいえ現地に生産設備を作り，広告宣伝を行って現地社会に根を張った販売網を整備するなどの地固め（先行投資）を行うことが，経済が成長した際に大きな収益を得るためには必要なのです。設備拡張が不要になった場合は事前準備が無駄になりますが，最初から大規模な設備を作った場合に比べると損失は少なくて済みます。このような拡張可能性を考慮した場合の正味現在価値は，プラスになるということが起こりえます。

　このことを簡単な数値例で見たのが**図表14-2**です。事業のリスクが高いため将来キャッシュフローの割引現在価値は500で，これにかかる費用600を差し引いて正味現在価値NPVを求めると，図表上段に示したとおり，

$$\text{NPV（拡張オプションなし）}=-600+500=-100$$

とマイナスになっています。

　図表下段では，経済成長が見込めることが判明した場合（図表では好調な場合と略記），生産設備増設のためにかかる追加的な費用を考慮したとしても，キャッシュフローが600になります。残念ながら進出先の経済成長がそれほどでもないことが明らかな場合（図表では不調な場合と略記），追加費用はかかりま

第Ⅲ部　コーポレート・ファイナンス（企業金融）

図表14-2　拡張オプションの有無と正味現在価値

拡張オプションなしのケース

現在：600の設備投資 NPV＝−600＋600／1.20＝−100	将来：キャッシュフローが大きいか小さいか，リスクが大きい。期待されるキャッシュフローは600，割引率20%とすると，現在価値は600／1.20＝500

拡張オプションありのケース

現在：100の設備投資 期待されるキャッシュフローは330 拡張オプションなしの場合と比べてリスクが小さいので，割引率は10%と小さな値。割引現在価値は， 330／1.10＝300 NPV＝−200＋330／1.10＝100	将来：好調な場合，追加の設備投資400を行って1,000−400＝600のキャッシュフロー 50%　　　　　600 50%　　　　　60 将来：不調な場合，キャッシュフローは60

せんが，売上高も少なくキャッシュフローは60と小さな値です。好調か不調かという確率がそれぞれ50%の場合のキャッシュフローの期待値は$600 \times 0.5 + 60 \times 0.5 = 330$，割引率を10%とするとこの期待されるキャッシュフローの割引現在価値は$330／(1+0.10) = 300$です[10]。拡張オプションなしの場合と比べて現在は小さい規模で事業を開始するのでかかる費用も少なく，この費用が200であるとして正味現在価値を計算してみると，図表14-2では，

$$\text{NPV（拡張オプションを考慮）} = -200 + 300 = 100$$

プラスとなります。リアルオプションを考慮しないNPV法では実施しない方が望ましいという結論を得た事業戦略が，リアルオプションを考慮することで実施する方が望ましいという，正反対の結論を得ることになります。

1　収益は，企業会計の用語では「売上」，税法の用語では「収入」と呼びます。利益についても，税法では「所得」，経済学では「利潤」と呼びます。本質的には同じことに対する用語法が，分野によって微妙に異なっていることに注意してください。本書では，必要に応じて注意を喚起しますが，深く

162

は立ち入らないことにします。

2　厳密には第18章で扱う企業統治とも関連しています。

3　絵画など1点ものの取引では，オークション・ハウス（会社）がその絵画に興味をもつ人々を集めて「オークション」を行い，最も高い価格をつけた人に売り渡すことが多いです。インターネットで個人の所有物をオークション販売するのと同じです。215億円はChristie's社が2015年5月にニューヨークで開催したオークションでつけられた「アルジェの女たち」の落札価格です。

4　上場企業は，株式を証券取引所に上場し，投資家が自由にその株式を売買できる株式会社です。また，金融商品取引法が企業内容等の開示義務を定めています。有価証券発行会社の事業内容・財務内容等を正確・公平かつ適時に開示させ，有価証券を購入する投資家を保護するためです。株式を上場していなくても，有価証券を発行し売りさばくために50名以上の投資家に（発行する有価証券の購入を）勧誘する会社は，開示義務を負います。

5　このような情報提供活動は，インベスターズ・リレーションズ（IR）と呼ばれます。現在は株主ではないとしても，将来株主になる可能性のある投資家に向けて情報を発信することは，会社にとって重要です。

6　企業買収を扱う第17章では，市場評価とは別に，買収者ごとにそれぞれの私的評価を考えます。絵画のオークションの参加者が，各自の評価（私的評価）をもとに入札を行い，最も高い入札価格をつけた人が落札してそれを手に入れるのと同様のことが，企業買収でも起こります。

7　会社が財務状況に関する情報提供を目的として開示する財務諸表には，貸借対照表，損益計算書などがあります。損益計算書にある「経常利益」は，当該事業年度における事業活動からの利益を求めたもので，収益である「売上高」から費用である「売上原価」「販売費及び一般管理費」などを控除して（差し引いて）求めます。

8　投資に対する利益の比率である投資収益率を事業Bについて計算してみると，$(115-110)/110 \fallingdotseq 0.045$，約4.5％になります。NPV（B）がマイナスになるのは，この投資収益率が市場における安全資産の投資収益率10％を下回っているからです。投資収益率は，投資によって資金が増える「割合」を示します。この値が，市場に比べて事業Bの方が小さいということは，事業Bの方が「投資効率」が悪いということを意味しています。

9　事業Nの正味現在価値NPV（N）を，事業Nがもたらす将来キャッシュフローとその費用だけから計算している場合，この式が成立するのは事業Nが既存の事業とは独立していて，事業Nを実施するか否かによって既存事業の将来キャッシュフローが変化しない場合に限られます。顧客層が事業Nと重複するなどの理由で，新規事業Nを実施することで既存事業のキャッシュフローが変化する場合，すなわち，新規事業と既存事業のキャッシュフローが独立ではない場合は，NPV（N）の計算には既存事業で起こる変化も取り込まなければなりません。NPV（N）をそのように計算すると，新規事業の実施前後の企業価値の変化分が新規事業Nの正味現在価値と一致するという本文中の式は，必ず成立します。

10　拡張オプションを考慮する場合の割引率10％は，拡張オプションを考慮しない場合の割引率20％に比べて小さいことに注意してください。図表下段のキャッシュフローの標準偏差は270ですが，図表上段のキャッシュフローは好調な場合と不調な場合との変化が大きく，リスクの大きさを表す標準偏差は270より大きな値となることを仮定しています。複雑になるのを避けるため，図表ではこの詳細は省いています。

第III部　コーポレート・ファイナンス（企業金融）

第15章

資本構成と資金調達

　前章では，企業がどのような基準で事業を選択すれば良いかを学びました。実施する事業が決まれば，必要な資金額がわかります。この章は，企業がどのような方法で資金を調達すれば良いのかを学びます。企業が過去にどのような形で資金を調達したかは，貸借対照表の貸方（右側）に書かれています[1]。

　現実の企業活動を単純化した仮の企業A社を考えます。A社は，パソコンの製造・販売を行う株式会社です。事業年度の開始時点で「A社株式」を発行し（投資家に売って）1,000万円の資金を得るとともに，銀行からの借入金2,000万円をもとに事業を始めました。資金調達で得た3,000万円のうち1,500万円で土地を取得して生産・組立工場と事務所を設立し，労働者を雇って，製造に必要な部品を買い入れ，パソコンを製造・販売してきました。

　事業年度末の時点ではA社の手元に部品や完成品などの在庫が1,000万円分あります。これは流動資産として貸借対照表の借方（左側）に計上されます。年度末時点で現金500万円が残っています。これらは図表15－1の貸借対照表に書かれています。

　貸借対照表の貸方をもう少し詳しく見ておきます。株主は，A社株式の購入金額をA社に「出資」の形で資金提供しています。A社が1株あたり1万円で株式を1,000株発行した場合，A社が株式発行により得た資金は，株価×株式数の1,000万円です。たとえばA社株式10株を買った投資家のBさんは，10万円を出資した株主です。株主は，A社の事業がうまくいって利益（儲け）が出れば配当金を受け取れますが，その保証はなく，リスクがあります。パソコンが全く売れず，A社は倒産するかもしれません。このときBさんは何も得られ

164

第15章　資本構成と資金調達

図表15−1　A社の貸借対照表

xxxx 年 3 月31日現在

固定資産		負債	
土地・工場など	1,500万円	長期借入金	2,000万円
流動資産			
在庫	1,000万円	純資産	
現金	500万円	資本金	1,000万円
総資産	3,000万円	負債・純資産合計	3,000万円

ず，最初に拠出した10万円も失います。このように株主は自分が提供した出資分を最悪の場合は失ってしまうことがありますが，それ以上の追加的な資金の拠出は求められません。このことを指して，株主は出資額を限度とする**有限責任**であるといいます[2]。株主による資金提供の総額は，貸借対照表貸方（右側）の純資産の部に，資本金（株主資本）として計上されます。

また，A社に2,000万円を貸したC銀行は，たとえば毎年3％の利子を受け取って貸した金額（元本）を3年後に返済してもらう契約を結んでいます。企業が発行する社債も，銀行借入れと同様，発行時点で定めた所定の期限（満期日・償還日）に，借り入れた資金を社債保有者に返済することを約束するとともに，資金を借りている間，利子を払います。後ほど（所定の期日に）返済することを約束して資金を得る資金調達方法は，**負債**と呼ばれます。負債は，貸借対照表の貸方の負債の部に計上されます。図表15−1にあるように，満期が1年以内の負債を短期，それ以上を長期として区別します。

15.1 │ 資本構成の実際

理論を学ぶ前に，日本の大企業の資本構成データを見ておきましょう。A社の例では資金調達方法は株式と長期借入金だけでしたが，一般には，負債の部に短期借入金や社債などの項目が，また，純資産の部には資本準備金や利益剰余金などの項目が計上されているのが普通です。こうした負債と純資産の構成のことを**企業の資本構成**と呼びます。

165

第Ⅲ部　コーポレート・ファイナンス（企業金融）

　図表15－2は企業のこうしたさまざまな資金調達方法を列記し分類したものです。社外から調達する資金は**外部資金**と呼ばれます。外部資金は，自己資金と他人資金とに分類できます。法律上，株式会社は株主のものですから，株主という会社の所有者自身が拠出したものは，自己資金になります。株式会社設立時を除いて，株式発行は，発行済株式に，さらに株式を追加する形になります。これを**増資**と呼び，資本金が増加します。増資すると，貸借対照表にある純資産の金額が（前決算期の値に比べて）増加します[3]。

　社債の発行や銀行など金融機関からの借入れは，他人資金です。株式と違って，調達した資金を返済する期限（償還期限や満期）が定めてある負債です。社債の満期は，2年から12年が多いです。発行時点では1年以上先になるので，**長期負債**ないし**固定負債**に分類されます。満期が近づいて1年未満となると，**短期負債**ないし**流動負債**に分類が変更されます。借入れ（金）についても，満期が1年以上先か1年未満かにより，長期／短期ないし固定／流動に分けられます。

　会社が事業活動を行う過程で得られる資金は，**内部資金**です。これは，内部留保と減価償却費とから構成されます。当期利益がプラスの場合，事業から得た収入が事業費用を上回っています。政府や債権者をはじめ，株主以外の企業関係者に支払うべき費用を全て支払った上で残った金額ですから，これは全て株主のものです。これを全て現金配当にしてしまうと，次の事業に使う資金は別途調達しなければなりません。そこで，一部は社内に残し事業資金として使

図表15－2　資金調達方法の分類

－自己資金 vs. 他人資金

・増資（株式発行）自己資金

・社債（発行）

・短期借入　　　他人資金　　　外部資金

・長期借入

－内部資金 vs. 外部資金

・内部留保

・減価償却　　　　内部資金

うのが，**内部留保**です。内部留保は貸借対照表の純資産項目である，利益剰余金の額を（前決算期に比べて）増加させます。

　費用という資金支払いを示すラベルがついた減価償却費が資金調達になるのは，次のような税法上の理由です。法人所得税は，収入から費用を差し引いた「所得」（利益）に対して課税されます。製造業では，原材料費や人件費などが費用です。たとえば100億円かけて作った生産設備は，売上を得るために必要な費用支出です。ただし，生産設備を作った事業年度だけ工場建設業者に支払った100億円を費用として差し引くけれども，他の事業年度は工場建設関係の支払いが生じないため費用がないとして差し引かないというのは，少し変です。生産設備を使っている期間は費用とすべきです。そこで，１年以上使い続ける固定資産には税法上の耐用年数を定め，耐用年数の間は減価償却費という費用項目をたてて所得を計算する際に費用として差し引きます。いわば，会社内部での費用の分割払いです。

　たとえば耐用年数が10年間の生産設備の場合，当初は固定資産が100億円増加しますが，その簿価が毎年10億円ずつ下がっていき，10年経つと０とする会計処理をします[4]。固定資産の帳簿上の価値が下がることを資本減耗と呼び，それと同額の減価償却費が所得計算上は費用項目になります。

　実際に資金支払いを伴う他の費用項目と違って，減価償却費は，実際には資金が動きません。所得（経常利益）を計算する際に費用として差し引いたに過ぎず，その費用相当額は社内に残っています。これが事業等に支出できる，内部資金調達になります。

　財務省法人企業統計で，金融業を除いた全産業で資本金が10億円以上の会社について集計した結果が図表15－３です。2000年代は「財務リストラ」と称して企業がスリム化を図った時期です。外部資金調達はマイナス，すなわち調達資金総額より，返却資金総額の方が多かったことが示されています。また内部留保は，景気が良くて会社の利益が多かった年度は多額ですが，リーマンショック時など景気が悪かった年はマイナスです。減価償却は法定耐用年数期間中一定割合を調達するものなので，金額はあまり変化しません。

167

第III部　コーポレート・ファイナンス（企業金融）

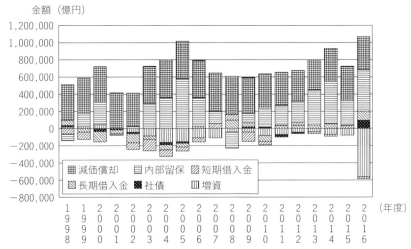

図表15−3　資金調達（内訳）の推移

出所：法人企業統計より筆者作成。

15.2 資本構成の理論

この章では，資本構成の選択に関する代表的な理論を3つ学びます。その選択基準は，前章に引き続き企業価値です。すなわち，企業価値が最大となるように企業が資金調達手段（資金調達方法の組み合わせ方）を選ぶことを考えます。

15.2.1 モジリアーニ・ミラーの理論

モジリアーニ教授とミラー教授の共同論文で提唱されたこの理論は，2人の名前からMM理論，あるいはMM定理と呼ばれます。MM理論の出発点は，実施する事業はすでに決まっていて，資金調達方法が違っていても事業自体は影響を受けないという点です[5]。

MM理論は，さらに完備かつ完全資本市場を仮定します。完備市場とは，あらゆる証券にそれを取引する市場が存在することです。完全資本市場とは，証券取引にコストがかからず，空売り[6]に対する制約がなく，誰もが市場に参加で

第15章　資本構成と資金調達

図表15－4　フリーキャッシュフローの帰属先（U社とL社）

	U社	L社	
発行済株式数	1	0.5	（億株）
株価（1株あたり）	100	100	（円／株）
株式時価総額	100	50	（億円）
負債（簿価）	0	20	（億円）
利払い	0	2	（億円）
フリーキャッシュフロー	20	20	（億円）
債権者に帰属する分	0	2	（億円）
株主に帰属する分	20	18	（億円）

き，また，参加者は誰も価格支配力を持たない市場のことです。経済学における完全競争市場の証券市場版といえる想定です。この項では，税金がない経済における企業の資金調達を考えます。法人税がある場合は次で扱います。

　以上を仮定すると企業価値は資本構成の影響を受けないというのが，MM理論（定理）です。企業価値を最大化する資金調達方法は存在せず，どのような形で資金を調達しても企業価値は変わりません。そもそも，14.1，14.2に述べたとおり，企業価値は企業が実施している事業の正味現在価値の合計です。MM理論では，事業はすでに決まっており，資金調達方法を変えたところで事業は影響を受けないことを仮定していますから，事業の正味現在価値もその合計である企業価値も，資金調達方法を変えても変化しないのです。

　資金調達方法が変わると，将来キャッシュフローの帰属先が変わります。簡単化のため，負債がなく100％株式だけで資金を調達したU社と，負債50％株式50％の資金調達をしたL社を考えてみましょう。両社の事業はまったく同一です。図表15－4の上段は両社の資金調達状況です。図表15－4の下段は，将来の決算期に20億円のフリーキャッシュフローが実現した場合，株主と債権者が得る金額です。フリーキャッシュフロー（以下FCF）とは，企業が事業を継続するために必要な費用を利益から差し引いて求めた金額です。

　負債がないU社では，FCFのすべてが株主のものです。事業が好調で営業利益も増えFCFが30億円の場合も，事業が不調でFCFが5億円の場合も，それ

169

らはすべて株主に帰属します。ここでは計算を簡単にするため，期待される FCF が毎期20億円で一定と仮定します。将来時点で実現するキャッシュフロー （以下，CF）が毎期20億円に固定されているわけではありませんが，成熟した企業を考えて，毎期の FCF の期待値は一定と仮定します。この永遠に続く CF の割引現在価値を求める公式[7]を使うと，割引率が20％の場合，

U 社 FCF の割引現在価値＝20／0.2＝100（億円）

となり，U 社 FCF の割引現在価値は U 社株式時価総額と一致します。

負債がある L 社の場合は，FCF20億円から債権者への利払いを差し引いた残額が，株主のものです。図表15－4では利払いが2億円の場合を計算しています。債権者が2億円を受け取り，残り18億円が株主のものになります。

L 社事業の好不調に関わりなく，負債には借入れ時に約束した利子支払いが必要です。たとえば，50億円を借りて4％の利子を支払うという契約の場合，毎期2億円の利払いが必要です。借り入れた元本50億円も満期に返済しなければなりません。ここでは簡単化のため，満期は1年で事業年度の終わりに返済し，ただちに同額を借りなおすと仮定します。資本構成に同額の負債を維持しながら，同じ規模の事業が永遠に続くという想定です。永遠に続く事業という想定のため，利払い2億円を支払える十分な収益が毎期必ずあることも仮定しています。すると，この負債は安全資産になり，安全資産の投資収益率が4％の場合，この負債の割引現在価値は，永遠に利払い2億円が続く場合の公式（注7）から，

L 社負債の割引現在価値＝2／0.04＝50（億円）

となって，負債の元本金額と一致します。

FCF が20億円のとき L 社株主に帰属する金額は図表15－4では18億円ですが，実際は，業績によって変動します。FCF が10億円のときは，利払い2億円が差し引かれて8億円に，FCF が30億円のときは，28億円になります。L 社株主が受け取る CF の期待値は，U 社の期待 FCF の20億円から，債権者への利払い2億円を差し引いた18億円になります。L 社株主に帰属する CF の割引現在価値は，割引率が36％の場合，注7の公式を使うと，

$$\text{L 社株式の割引現在価値}=18／0.36=50（億円）$$

です。U 社株式から生じる CF の割引率20％と，上式の割引率36％とは値が異なります。これは，L 社株式の１株あたりの収益は U 社株式の１株あたりの収益に比べて大きく変動し，リスクが高いためです。この点は，この項の最後で詳しく説明します。

さて，U 社と L 社の価値を比較してみましょう。まず，両社に共通する事業の，将来 FCF の割引現在価値は100億円でした。U 社株主はこれを全て受け取るため，これが U 社株式の価値（株式時価総額）です。U 社は負債がなく，株式時価総額が企業価値になります。

$$\text{U 社 FCF の割引現在価値}$$
$$=\text{U 社株式の時価総額}$$
$$=\text{U 社の企業価値}$$

L 社債権者が得る利子（FCF の一部）の割引現在価値は50億円です。L 社株主が得る CF（全体の FCF から債権者への支払いを差し引いたもの）の割引現在価値も50億円です。この合計が L 社企業価値です。

$$\text{L 社 FCF の割引現在価値}$$
$$=\text{L 社株式の時価総額}＋\text{L 社負債の時価総額}$$
$$=\text{L 社の企業価値}$$

U 社と L 社は事業が同一で事業が生み出す FCF の割引現在価値は等しいため，

$$\text{U 社の企業価値}=\text{L 社の企業価値}$$

あるいは，

$$\text{U 社株式時価総額}=\text{L 社株式時価総額}＋\text{L 社負債時価総額}$$

という関係が得られます。これは，資本構成のみが異なる企業の企業価値は等しいことを示しています。企業価値は資本構成の影響を受けないという MM 理

第Ⅲ部　コーポレート・ファイナンス（企業金融）

論です。この数値例と負債金額が異なる場合も，同じ方法で等価を示せます。

　以上の導出で重要であったのは，U社事業がもたらすFCFの割引現在価値とL社事業がもたらすFCFの割引現在価値が等しいという関係です。同じものには同じ価格がつくという「**一物一価の法則**」を，事業がもたらす将来FCFに対して適用して得た関係です。株式や債券等の証券はFCFを受け取る「権利」を表します。同じ権利内容を持つ証券に違う価格がついていたら，完全資本市場では直ちに調整され，価格差はなくなります。完備・完全資本市場に関する一連の仮定は，資本市場で一物一価の法則が成立するために必要な仮定です[8]。

　最後に，負債を持つL社の株式がU社株式に比べてリスクが高いことを見ておきましょう。U社の発行済み株式数は1億株，L社の発行済み株式数は5,000万株で，株価はどちらも1株あたり100円です（図表15－4）。図表15－5は，事業がもたらすFCFが10億，15億円，20億円，25億円の場合に，債権者，株主に帰属する金額，1株あたり収益，現在株価に対する割合である株式収益率

図表15－5　株式収益率（U社，L社）

U社　株価100円／株，発行済株式数1億株

フリーキャッシュフロー	10	15	20	25	（億円）
債権者に帰属する分	0	0	0	0	（億円）
株式に帰属する分	10	15	20	25	（億円）
1株あたり収益	10	15	20	25	（円）
株式収益率*	10%	15%	20%	25%	

L社　株価100円／株，発行済株式数5,000万株

フリーキャッシュフロー	10	15	20	25	（億円）
債権者に帰属する分	2	2	2	2	（億円）
株式に帰属する分	8	13	18	23	（億円）
1株あたり収益	16	26	36	46	（円）
株式収益率*	16%	26%	36%	46%	

＊収益の株価に対する割合

172

第15章　資本構成と資金調達

を求めた結果です。現時点ではまだ将来は確定しておらず，将来FCFはこの図表のようにさまざまな値をとり得るため，実現する株式収益率もさまざまな値をとり得ます。その期待値はL社株式の方が高くなりますが，そのバラツキも大きくなります[9]。

　L社株式の方が期待される投資収益率もそのリスクも大きくなることを，レバレッジ効果と呼びます。注9ではある確率分布の数値例からリスクの大きさを計算していますが，この確率分布が特殊なものでない限り，レバレッジ効果が存在します[10]。なぜでしょうか。U社の株主は100億円を投じてFCFを得ていますが，L社の株主は自己資金50億円しか投じていません。事業に必要な金額100億円の半分は借り入れた他人資金です。借入れには，事業の好不調に関わらず一定額の利払いと，元本返済が必要です。大きかったり小さかったり，さまざまな値を取り得る将来FCFから，この一定金額を差し引いた残りが株主のものです。利子分の手取りが減るとはいえ，もともと少ない資金投入でそれなりの収益が得られるのがL社株式への株式投資です。投入資金に対する収益の割合を示す株式収益率は，資金運用のこの効率性を反映して高くなります[11]。

15.2.2　トレードオフ理論

　ここではMM理論の仮定（前提条件）を修正し，現実に近づけます。まず，法人税（所得税）を導入します。法人税は，売上高などの収益に対して課税されるのではなく，売上原価，販売費及び一般管理費など収益を得るのに必要とした経費を差し引いた経常「利益」（税法の用語では所得）に対して課税されます。企業会計の用語を使うと，営業利益＝売上高－売上原価－販売費及び一般管理費，ですが，さらに営業外項目も調整され，経常利益＝営業利益＋営業外利益－営業外費用になります。ここで重要な点は，負債の利払いが営業外費用に含まれることです。負債が多いと利払いも膨らみ費用が増えて課税対象の経常利益が減ります。所得税は所得（経常利益）の一定割合（税率をかけた値）ですから，負債が多いと節税できます。節税分だけ資金提供者全体が受け取れる金額が増えます。

　図表15－6は，法人所得税率が20％で，図表15－4で取り上げたU社とL社の営業外費用がともに支払利息のみから構成されると仮定した場合の，キャッ

173

第Ⅲ部　コーポレート・ファイナンス（企業金融）

図表15-6　キャッシュフローの帰属先（法人所得税がある場合）

		U社	L社	
a．	営業利益	15	15	（億円）
b．	営業外利益	0	0	（億円）
c．	営業外費用（支払利息のみ）	0	2	（億円）
d．	経常利益（a+b-c）	15	13	（億円）
e．	法人所得税（d×20%）	3	2.6	（億円）
f．	当期利益（d-e）	12	10.4	（億円）
g．	株主に帰属する分（f）	12	10.4	（億円）
h．	債権者に帰属する分（c）	0	2	（億円）
i．	資金提供者に帰属する分（g+h）	12	12.4	（億円）

シュフローです。L社は2億円の利払いのため経常利益がU社より少なく，法人所得税が少ないため当期利益も少なくなります。しかし，株主と債権者とを合わせた資金提供者全体に帰属する金額は，L社の方が多くなります。これは法人所得税という政府の取り分が4億円から3.6億円に減るためです。政府取り分の減少額が，資金提供者全体に帰属する金額の増加分，16.4-16＝0.4億円と同額になります。

　事業が生み出すキャッシュフローは，仮定から，資本構成が違っても同じです。これをU社では株主と政府とで分割し，L社では株主と債権者と政府とで分割します。図表15-6は営業利益が20億円の場合ですが，将来実現する営業利益がどのような値であれ，資本構成以外は同じなためU社とL社の営業利益は等しいので，U社資金提供者（株主）に帰属するものとL社資金提供者（株主と債権者）に帰属するものとの違いは，政府税収の違いになります。それは負債による利払い分だけ課税対象所得が小さくなることに起因し，その減少分（＝利払い金額）に所得税率をかけた金額になります[12]。

　さて次に，トレードオフ理論を導く2番目の仮定として，倒産コストの存在を追加します。法人所得税の節税だけを考慮すると，企業価値を最大化するためには負債は多ければ多いほど良いことになります。利払い金額を大きくするため負債を増やすと，営業利益が十分でないときは利払いができず債務不履行

となって倒産してしまいます。期待される営業利益が20億円，すなわち，平均的には20億円の営業利益という企業でも，5億円になる事業年度もありえます。負債を増やして利払い額が5億円を超えていれば，負債の返済はおろか利払いすら実行できません。

倒産コストとは，倒産するとかかる費用のことです。倒産しなければ不要です。その1つは，債権者間の利害調整に必要な弁護士や裁判にかかる費用，事業清算にかかる費用といった直接的費用です。倒産すると，債権者集会で今後の方針が決まります[13]。方針が決まるまでの間，一部の債権者が会社財産を勝手に持ち出したりしないように会社財産の管財人をおくなど，さまざまな法的な手続きが必要となります。これらは倒産しなければ不要ですが，倒産すると実際に費用支払いが生じます。

2つ目の倒産コストは，倒産の可能性に由来する，間接的費用です。債務不履行が実際に生じていなくても，会社の資金繰りに余裕がなくなり従業員や仕入れ先への支払い状況が悪くなると，従業員の中には会社の仕事よりも自分の転職先探しに時間を注ぐ者が現れたり，取引先が事業に必要な原材料・部品の納入を渋るようになったりします。債権者は，債務不履行が起こるかもしれないという信用リスクに対応するため，より高い金利を要求してくるでしょう。リスクが高ければリターンも高くなければ引き合わないからです。債務不履行が生じていなくても，その兆しが見えた時点でこれらは事業費用を増大させ，さらに利益を圧迫します。

以上から，負債を増やすと，法人所得税の節税によるメリットと倒産コストの増加というデメリットの両方が生じます。両者はトレードオフの関係にあり，メリットとデメリットをともに享受することはできず，どこかでバランスをとらなければなりません。

倒産コストは負債が多いと大きくなり，しかもコスト増加の程度は負債が多いとさらに増えるのが普通です。事業法人税の節税は，負債の大きさに比例します。このことから，負債が非常に少ないときは節税効果が倒産コスト増加を上回っていて，負債を増やすことが企業価値の増加につながるものの，負債がある一定の規模を超えると倒産コスト増加分が節税効果を上回り企業価値が減少し始めることになります。企業価値が最も高くなるところに負債の額を定め

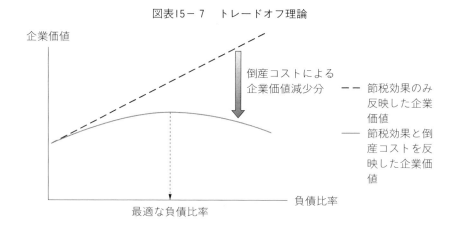

図表15-7　トレードオフ理論

るためには、節税効果と倒産コスト増加がちょうどバランスするところを探すことになります。これが、**トレードオフ理論**です。図表15-7に企業価値と負債比率との関係を例示しました。

15.2.3　ペッキングオーダー仮説

MM理論やトレードオフ理論は、企業の事業計画やその将来キャッシュフローに関する情報を一般の投資家も知っていることを仮定し、株式か負債かという選択を示しました。現実には、社外の人々は社内の人々に比べると事業に関する情報をさほど持っていません。**非対称情報**です。

ペッキングオーダー仮説では、社外の投資家に資金を提供してもらうために必要な情報を伝達するコストが非常に高いこと、各資金調達手段の数量（金額）に「上限」があることを仮定します。コストをできるだけ抑えながら必要な金額の資金を調達するため、まず内部資金を使う、内部資金を使い切ったら外部資金を調達して使うというように、情報コストの低い順番に使われるというのがペッキングオーダー仮説です。内部資金のうち減価償却費は過去の設備投資と税法で決まっていますから、その大きさは選択できません。内部留保は、当期利益から現金配当など株主還元に使われる支払い額を差し引いた値です。配当をゼロとすれば当期利益がすべて内部留保になりますが、これ以上は増やせません[14]。内部資金には、上限が確かに存在します。

第15章　資本構成と資金調達

　また，外部資金もその種類によって情報コストが違います。ペッキングオーダー仮説は，外部資金についてもその情報コストの違いから，まず銀行借入れ，次に社債発行，最後に増資という順番で資金調達を行うというものです。社債や増資など多数の投資家に対して公募発行を行う場合と，少数の銀行から銀行借入れをする場合とを比較すると，決済用口座を持ち日頃から資金の流れを知っている銀行に対して事業資金の必要性や将来性を説明する方が，多数の一般投資家に対して説明するよりも，コストが低いと想定できます。また銀行は，1企業の事業リスクをすべて負担することを嫌い，分散投資によるリスク低減を求めます。そのため1つの銀行からの借入れには限度があり，銀行数はさほど多くないので，銀行融資の金額には上限があります。

　社債の元利払いは株式に対する支払いより優先されるため，投資家を説得するための情報コストが低いと考えると，銀行借入れの次は社債で，最後が増資になります。社債についても，倒産リスクが大きくなるのを避けるためには発行金額を抑える必要があり，限度があります。

　米国については，ペッキングオーダー仮説が成立しているという研究報告も成立していないという研究報告もあり，仮説の段階です。日本については，そもそも（公募）社債による資金調達を全く行っていない上場株式会社が多く，ペッキングオーダー仮説を安易に考えるのは難しいようです。

1　バランスシートとも呼ばれる貸借対照表は，財務諸表の1つで，事業年度末（決算期）における会社の資産，負債，純資産の状況を示します。

2　株式会社と異なり，持分会社には無限責任を負う社員がいます。第2章2.3を参照。

3　自社株購入など，株主から会社が株式を取得しこれを消却することは，株主に資金を戻すという意味で，増資と反対の行為です。純資産の構成項目である「株主資本（資本金）」の額を減らすことを減資と呼びます。消却は減資となる行為の1つです。また，赤字が累積している会社が欠損金と株主資本を相殺する形で資本金を減らすことも，減資になります。この場合は，株主は資金を受け取らず，資金調達の逆ではありません。

4　これは，10分の1ずつ減価償却費を発生させる定額法の説明です。10％ずつ減価償却費を発生させる定率法もあります。どちらを使うかは企業が選択します。また，耐用年数とは税法が定めた標準的な年数で，これを超えて生産に使っても差し支えありません。実際の設備がなくなるわけではないため，耐用年数を過ぎた段階で帳簿価額を1円という忘備価格にして帳簿上に残します。

5　資金調達方法の違いが事業に影響するのは，次のような場合です。不動産販売業を営むA社が社債発行による資金調達をとりやめC銀行から資金を借り，A社の不動産をC銀行の顧客に勧めてくれ

第III部　コーポレート・ファイナンス（企業金融）

ることを期待する場合です。ただ，これはあまり一般的ではありません。

6　流通市場では証券を持っていた投資家が売り手となって，証券購入を希望する買い手の投資家に証券を売り渡します。このとき，証券を持ってなくても，誰かから借りてきた証券を売ることができます。これを空売りと呼びます。空売りをした投資家は，後ほど証券を買い戻して元の持ち主に返すことになります。その際，売ったときの価格より下がった価格で買い戻すことで，その差額分の儲けを得ようと見込んでいるのが空売りを行う動機です。

7　FCF の期待値が一定値 C の場合，その割引現在価値 PV を求める公式は，次式のとおり期待 FCF を割引率で割ります。

$$PV＝C／(1+r)＋C／(1+r)^2＋C／(1+r)^3＋\cdots＝C／r$$

本文中の U 社数値例では，C＝20（億円），r＝20％，PV＝100億円です。

8　第II部6.5裁定と均衡の考え方を参照。

9　リスクの指標である標準偏差を計算してみます。まず，FCF が10億円，15億円，20億円，25億円となる確率をそれぞれ，5％，17％，51％，27％とすると，期待 FCF は20億円です。U 社株式収益率，L 社株式収益率の期待値は，それぞれ，20％と36％になります。また株式収益率の標準偏差は，8.1で示した計算方法によって分散の値を求め，その平方根をとると U 社 4％，L 社 7％になります。L 社株式は期待収益率も高いがリスクも高いことが数値的にも確かめられます。

10　借入れがある L 社株の期待株式収益率が借入れのない U 社の期待株式収益率より低くなる数値例は，図表15－4 で利払いが10億円に増加し，FCF が10（億円）になる確率が高い場合などに得られます。たとえば，FCF が10，15，20，25億円となる確率がそれぞれ45，20，20，15％の場合，U 社株式の期待収益率は15.25％，L 社株式の期待収益率は10.50％になります。

11　FCF の実現値が 3 億円と低い場合，U 社株主は 3％の株式収益率，L 社株主は 1％の株式収益率です（U 社株の収益率を下回ります）。さらに低い 2 億円が実現すると，U 社では株主は 2％とプラスの収益率を得ますが，L 社ではすべて債権者の利払いに取られて L 社株式の株式収益率は 0％です。レバレッジ効果は投資収益率のバラツキを大きくします。業績が良い方向の拡大はメリットが大きいのですが，業績が悪い方向へも拡大しデメリットも大きくなるので，注意が必要です。

12　厳密には，図表15－6 の当期利益と図表15－4 の FCF とは一致しません。企業価値は，企業が事業を差し支えなく継続するために必要な資金は差し引くなどの調整を施した FCF の割引現在価値として求めます。この調整は資本構成のあり方とは無関係ですので，FCF ないし企業価値における U 社と L 社の違いは，図表15－6 で説明した節税額の違いを反映することになります。

13　採算性の低い事業は清算し，採算性の高い事業は他の企業に転売するか，あるいは規模を縮小して企業再建を目指すのか，今後の方針を決めるのにも相当時間がかかるのが普通です。

14　債権者を保護するために，資本準備金と利益準備金の合計額が資本金の 4 分の 1 に達するまでは，配当金額の10％を利益準備金として積み立てることを会社法が要求しています（法定準備金）。準備金の取崩しは，配当金の原資とするか，資本組入れなどに使われます。

第16章
株主還元政策

　本章のテーマは，事業成果を株主にどう返すかです。株主は出資の形で提供した事業資金に対し，何らかの見返りを求めています。当期利益は，株主以外の関係者に支払いを済ませた，事業成果です。これは株主のものですから，単にこれを配当すればすむように思えます。しかし話はそれほど単純ではありません。

　まず，MM 定理（15.2.1）が成立する環境では，配当は企業価値に影響を与えないことが，次の16.1で示されます。この環境では株主は配当を気にしないということになり，現実性が乏しい結果です。そこで資本構成・資金調達の場合と同じように，税制や倒産コスト，情報非対称性を考慮する16.2で示す環境のもとで，配当政策が企業価値に影響を与えることが示されます。企業価値の最大化が企業の行動目標であれば，これを達成する配当が望ましいわけです。また16.3で示すように，株主にその投資成果を返す手段として，現金配当の他，自社株買いをして株式を消却することができます。どちらを選ぶべきなのでしょうか。この章では，こうしたさまざまな手段を含めた株主還元政策について考えます。

16.1 ｜ 現金配当と均衡における株式投資収益率

　配当は，決算期の株主に支払われます。たとえば，1株あたり5円を全株主に支払う現金配当です。こうした期末配当の他，事業年度の途中で中間配当を行う会社も多数あります。株主の持ち株数を増加させる株式配当はあまり行わ

179

れていません。この章では，配当として現金配当だけを考えます。

　株主は黒字というだけでは満足しません（第14章）。金融資本市場には他の投資機会もあるため，出資する際，他の投資機会と少なくとも同等の投資収益率を要求します。株式投資における期待投資収益率の求め方を示しておきます。

　現在時点を $t=0$，1年後の将来時点を $t=1$ とし，現在から将来までの1年間，ある株式に投資する場合を考えます。現在株価を $p0$ 円，1年後株価を $p1$ 円，今期の株主への1株あたり配当金を d 円と書きます。$t=0$ から $t=1$ まで株式を所有し続けていた株主は，現金配当を $t=1$ 時点で受け取ります。$p0$ 円で1株を現在買い，配当金 d 円を将来受け取り $p1$ 円で株を売却すると，キャピタル・ゲイン $(p1-p0)$ 円（値下がりして $p1<p0$ となっていた場合はキャピタル・ロス）と配当金 d 円の合計 $(p1-p0+d)$ 円が，この株式投資から得られる収益額です。投資金額 $p0$ 円に対するこの収益金額の比率として定義される，（株式）投資収益率は，

$$株式投資収益率 = (p1-p0+d)／p0 = (p1+d)／p0-1$$

です。投資する時点 $t=0$ では将来株価 $p1$ や配当金額 d は未知ですから，$t=0$ でこの株式に投資することを検討している段階では，上記の株式投資収益率は $p1$ や d の期待値を使い，期待投資収益率を計算します。以後は単に収益率と書きますが，将来に向けて投資する場合の収益率は，期待収益率を考えます。

　ここで，金融資本市場で提供されている他の投資機会の（期待）投資収益率の値を R と書くと，均衡では，上式の株式投資収益率は R と等しくなります。もし，R の値がこの株式に対する投資収益率を上回っていれば，この株式を買う投資家はいなくなるので，株価 $p0$ は $p0'$ へ下がります。$R=(p1+d)／p0'-1$ となる水準まで下がらなければ，この株式を買う投資家が出てきません。逆に R の値がこの株式に対する投資収益率より低ければ，この株式に対する投資家が多数現れて株価 $p0$ が上がります。この株式の投資収益率が R と等しくなるまで，現在価格の調整が進むはずです。そうした株価調整が終わってこれ以上調整がおこらない均衡状態では，

$$R=(p1+d)／p0-1$$

第16章　株主還元政策

が成立します[1]。この式を変形すると、

$$p0 = (d + p1) / (1 + R)$$

となって、今期の株価は、来期株価と期末配当の合計を収益率 R に 1 を足した $(1+R)$ で割り引いた値となっていることがわかります。

　まとめると、配当 d と将来株価 $p1$（ともに期待値）、金融資本市場の相場である株式投資収益率 R が与えられたとき、株式投資収益率が相場と一致するように現在株価 $p0$ が調整され、均衡では、現在株価は将来株価と配当の合計の割引現在価値となります。

16.2 配当に関する MM 命題

　完備かつ完全資本市場を仮定し、税金や情報非対称性がないケースをまず考えます。資金調達手段を変えてもキャッシュフローは影響を受けず、事業はすでに選択済みで資本構成が企業価値に影響を与えないという MM 定理が成立している世界です。

　以上の仮定から、負債を持たない U 社の企業価値は、事業キャッシュフローの割引現在価値であり、将来時点 t＝1 におけるその値は、株価が $p1$、発行済株式数が $N1$ の場合、

$$U 社企業価値 = p1 \times N1$$

です。これらは U 社の株式投資を考慮している現在時点 t＝0 からみて 1 年後の将来という意味で、株価や発行済株式数に 1 という数字の入った記号を使っています。

　無配当の U 社が、期末 t＝1 になって配当を払うことにした場合、U 社の企業価値は変化するでしょうか。企業価値が変化するのは、配当を支払うことで事業内容とキャッシュフローが変わる場合です。たとえば、配当を支払ったため事業資金が不足し、事業規模を縮小するケースなどです。これは、配当の変化というより、事業内容の変更がもたらした企業価値の変化です。配当支払いにより事業資金が不足する場合、不足分の資金を調達して事業内容を一定に保て

181

第III部　コーポレート・ファイナンス（企業金融）

ば，企業価値は変化しません。企業価値は配当政策から影響を受けないという，配当に関する MM 命題です。

このとき，株主割当増資で不足資金を調達し，それがすべて既存株主からの払込みによる場合，株主は，いったんは配当金を受け取るものの，新規株式を引き受ける際に同じ金額を払い込むので，配当がないのと同じです[2]。

一般増資の場合はどうでしょうか。MM 定理の成立を前提にすると，出資者の顔ぶれが変わるだけですから企業価値は変化しないことがわかります。実際に起こる変化は次のとおりです。

既存株主の株数は $N1$ 株です。0 円から d 円に配当を増加させる（$d>0$）と，配当金総額 $d \times N1$ 円の資金が必要になります。株価 $p1'$ で株式数 n を追加する増資による調達金額は $p1' \times n$ です。発行済株式数は $N1+n$ 株に増えます。配当支払金額と増資による調達金額が等しい，$d \times N1 = p1' \times n$，および，企業価値が同じ，$p1 \times N1 = p1' \times (N1+n)$ という連立方程式を n と $p1'$ について解くと，

$$n = (d \times N1) / (p1 - d), \quad p1' = p1 - d$$

を得ます。最初の式は，追加発行する株式数は配当金総額を発行価格 $p1'$ で割った株数になることを示します。2 番目の式は，株価が配当金分だけ下がることを示します[3]。

以上は，期末になって突然，配当を支払うケースです。では，今期初め t＝0 に配当政策の変更をアナウンスした場合は，現在時点の株価に影響するでしょうか。0 円配当の場合は $d=0$ ですから，配当がない会社の今期の株価 $p0$ は，

$$p0 = p1 / (1+R)$$

です。配当を支払う場合の株価 $p0'$ は，$p1' = p1 - d$ を使うと，

$$p0' = (d + p1') / (1+R) = p1 / (1+R) = p0$$

と計算でき，0 円配当の場合と同じ株価 $p0$ になります。

以上の説明は，配当が 0 円で負債を持たない U 社が配当金を支払い始めたケースでしたが，配当を支払っていた U 社がその金額を増やしたケースについ

ても同じ議論で同じ結論に至ります。

逆に，配当を支払っていた U 社が配当を減らすケースはどうでしょうか。たとえば発行済株式数が1,000万株の会社が 1 株あたり配当金を10円／株から 8 円／株に減らすと，2,000万円の資金余剰が生じます。事業は固定しているという条件の下では，配当の減少により生じた余裕資金は，減資して発行済株式数を減らすのに使うか，事業以外で運用することになります[4]。減資の場合も，d および n の値がマイナスとなることに注意する以外は，以上の説明と同じ議論を経て同じ結論に至ります。

支払う配当金を減らすことで得た余剰資金を市場で運用し，その投資収益率が R で資金運用成果 $(d-d') \times (1+R)$ で次回の配当を増やす場合を考えます。現在株価は，期末の配当金とその時点での株価を $(1+R)$ で割り引いた値という式が配当を受け取った直後の時点 t+1 でも成立していると，配当を d から d' へ変化させた場合の株価 $p1'$ は，

$$p1' = \{d + (d-d') \times (1+R) + p2\}/(1+R) = (d+p2)/(1+R) + (d-d')$$
$$= p1 - (d'-d) \tag{16.1}$$

という式になります。ここで $p1$ は配当を変化させなかったとしたら成立していたはずの今期末 t+1 における株価です。先ほどと同じ，期末の株価が配当金の変化分だけ変化するという結果です。

16.3 | 配当と税金

では，前章と同じ順番に従い，まず法人（所得）税を導入します。この経済では，法人税支払い後の当期利益が株主のものです。法人税がない場合に比べ，株主に帰属するキャッシュフローが減少するため企業価値は低くなりますが，このキャッシュフローは配当支払いによって変化しません。したがって，事業規模・内容や資本構成を配当支払いと併せて変化させない限り，企業価値は同じです。

次に投資家にも税金がかかるケースを考えます。企業は法人所得税を支払いますが，投資家も配当や利子といった所得に対して所得税を支払います。日本

第III部　コーポレート・ファイナンス（企業金融）

の個人所得税の税率は，所得が多いと高くなるという累進課税制度が採用されており，さまざまな控除措置もあるため，投資家のその他所得や諸条件によって所得税率は投資家ごとに異なります。税制度の詳細には立ち入りませんが，配当や利子と個人所得税について，3点だけ述べておきます。

　銀行預金や国債・社債の利子は利子所得に分類され，源泉分離課税されます。分離課税とは，他の所得と合算せず（他から分離され）当該所得だけに対し課税される仕組みです。また源泉徴収とは，支払い段階であらかじめ税引き後の金額が支払われ，差し引いた税金は支払いを行う者が所得を得る者に代わって納税する制度です。たとえば，銀行は税引き後の利子を預金者に支払い，差し引いた税金を預金者に代わって納税します。利子所得について預金者は所得税を別途納税する必要がありません。地方税，復興特別所得税を含めて，2015年の税率は20.315%で，この税率は金額の多寡に依存しません。

　配当は「配当所得」に分類されます。税率20.315%の源泉徴収税だけで別途所得税を支払わない投資家が多いようです。ただ，配当所得の源は会社が稼いだ利益ですから，法人所得税を支払った段階ですでに納税済みです。配当を受け取るときに投資家が税金を支払うのは，二重課税であるという議論があります。これは「営利目的の事業法人」である会社は個人株主の集合体であるにすぎず，会社が稼いだ利益も最終的には個人株主に帰属し，会社が支払った法人所得税は，個人株主が支払う所得税の先払いに過ぎないという考え方に基づきます。法人擬制説の立場です[5]。これを考慮し，日本では一定額の税金支払いを控除できる「配当控除制度」があります。

　配当を0円にすれば，配当所得がなくなりますから課税されません。この場合 $d>0$ から $d'=0$ にすると，株価は $p1$ から $p1'=p1+d$ へ上昇することが(16.1) 式からわかります。こうした株価の値上がり益（キャピタル・ゲイン）は，株式を売り払ったときに実現します。実現したキャピタル・ゲインについて課税対象となる所得は，売却金額から購入金額を差し引いた値です。原則として，他の所得源泉とは区別した申告分離課税が適用されます。税率は，地方税，復興特別所得税を含め，2015年の税率は20.315%です。株式が値下がりしキャピタル・ロスを被った場合は，キャピタル・ゲインがあった別銘柄の所得と合算することで税額を減らせます。

184

第16章　株主還元政策

源泉分離税のみを支払っている個人投資家の場合，利子所得と配当所得の源泉徴収税率は同じです。法人所得税を支払った上で投資家に支払われたものが配当所得ですから，企業の売上1円に対する税負担は，法人税と個人所得税とをあわせると，配当所得の方が高いということになります[6]。

また，現金配当について源泉分離課税分を支払い，キャピタル・ゲインに関して申告分離課税を行う個人投資家の場合，1円のキャピタル・ゲインが実現するのは将来ですからこれを現在価値に割り引いて考えると，現在価値ベースではキャピタル・ゲインの方が投資家にとって望ましいことになります[7]。配当はキャピタル・ゲインに比べて投資家にとって価値が小さいのに，なぜ，企業は配当を支払うのでしょうか。これをオプション評価モデルの論文で有名なブラック教授は，配当パズルと呼んでいます。

16.4 ｜ 日本の現金配当

図表16-1は，財務省の法人企業統計から，資本金が10億円以上の非金融大会社の配当金と利益を集計したものです。折れ線は集計対象となった企業数の変化です。1989年度には約3,000社の会社数は2000年代前半に5,000社を超えます。集計対象の会社数は増えているにもかかわらず，配当金支払総額はほぼ一定です。配当金支払総額は2002年度ごろから徐々に増え始め2006年度にピークを迎え，以後，減少しますが2009年度以降は下げ止まっています。

図表16-1には利益総額の棒グラフもあります。1990年代は利益が変動しているにもかかわらず配当金総額は一定です。特にアジア金融危機があり日本では日本長期信用銀行や山一證券が経営破綻した1998～1999年度，および2001年度は，利益がないか負であるにもかかわらず，配当金支払総額は変化していません。

図表16-1は2つの特徴を反映しています。1つは，2002年頃までに見られた，1株あたり配当金額を一定に保つ安定配当政策志向です。経営者に配当に関する考え方を尋ねると，1株あたり配当金はあまり変えたくない，創立50周年等の記念増配は別にして，将来もそれを維持できる見通しが立ったときに増配する，少々の赤字でも従来どおり配当を支払うという答えが返っています。

2つ目の特徴は，2003年以降2007～09年の金融危機までは，利益が大幅に増

185

第Ⅲ部　コーポレート・ファイナンス（企業金融）

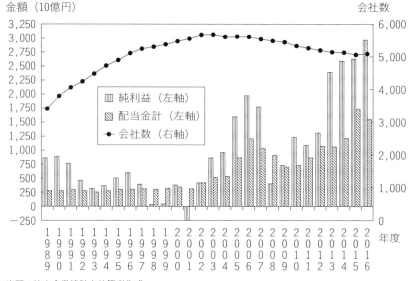

図表16−1　非金融大会社の配当金総額

出所：法人企業統計より筆者作成。

加するとともに配当金も増えていることです。図表16−1の配当総額の動きとよく似た動きをする数値として，M&A件数があります。世間を賑わせた「物言う株主」「アクティビスト・ファンド」は，会社に対して増資することを迫りました。会社内に現金を多く蓄えている企業がM&Aの標的になったため，これを防ぐために余分な現金は配当した可能性があります。

16.5 │ 現金配当と情報非対称性

　現実の現金配当の存在やその変化を説明するには，MM理論やトレードオフ理論では考慮してこなかった事柄の考慮が必要です。キャピタル・ゲインでは投資家が満足せず，投資家の手元に配当金として現金が入ることが重要というわけですから，配当や株式に「金銭的価値」以外の意味があることが示唆されます。投資家がそう考える理由は，金融資本市場が不完全なため，あるいは，資金調達と投資が独立ではないため，と考えられています。

第16章　株主還元政策

　この節では安定配当政策志向を説明するため，情報非対称性を仮定します。特に，経営者に比べ外部の投資家は企業について相対的に知らないと仮定します。内部から情報を開示すれば情報非対称性は解消しそうにも思えますが，あまりうまくいきません。なぜなら，まず，数値で表せることや根拠が明白なことの情報共有は容易ですが，将来予想など定量化しにくいもの，根拠を明確に示すことが難しいものは，正しく情報を伝達することすら難しいからです。また，資金調達が必要な事業計画を持つ会社の社長が，「わが社の将来は大変明るいので安心して投資してください」と言ったとき，投資家は増資に応じるでしょうか。情報の信頼性確保が必要となります。

　このような場合，外部者にも観察可能なシグナルによる情報伝達の必要性が生じます。人によってシグナルを出すコストが異なり，そのコストの大きさと観察できない変数との間に相関があるとき，シグナルの値から観察できない変数の値が推測可能になります。シグナルは，人によってその値や量が異なるもの，いわば「他とは違うよ」という差別化のメッセージなのです。

　安定配当政策を採用している企業の場合，現金配当が多いことは，（少ない企業と比べ）自社の将来キャッシュフローに自信があるというシグナル発信になります。現金配当を増やすと内部留保が減少しますが，それを考慮してもまだ「余裕がある」のです。内部資金がなくなると，外部調達が必要になります。外部資金の調達コストは，内部留保など内部資金のコストを上回ることが多いのです[8]。こうしたコスト差があるときに，現金配当により内部資金を減らしている企業は，コストがより高い外部資金に将来頼らなければならなくなる可能性は低いと考えていることが推測できます。将来キャッシュフローについて外部投資家より情報を持つ会社が，現時点で内部留保を減らしても大丈夫というシグナルを出しているのです。配当のシグナル機能です。

　注意しなければならないことは，高いコストの外部資金の導入を必要としないケースが2通りあることです。1つはシグナルの想定どおり，比較的正確な業績予想と十分な利益予想から，必要な設備投資を賄うために外部資金の導入は不要というケースです。もう1つは，さほど多額の利益は見込めないにもかかわらず，そもそも資金を必要とする事業計画を持たないため，外部資金を必要としていないケースです。後者のような場合，経営者が資金不要の見込みに

187

第Ⅲ部　コーポレート・ファイナンス（企業金融）

関していくら自信を持っていたとしても，投資家としては投資を差し控えることを検討することになるでしょう[9]。

　また，配当金額がシグナルとして他社との差別化機能を発揮するためには，配当を多く支払うことのコストが企業によって異なるという条件が満たされていなければなりません。外部資金コストが内部資金コストより高く，その資金コストが企業ごとに異なっていることが，1つの条件となります。

　この他，配当シグナルのコストと考えられるものに，経営者が将来を見通す力量に関する評判があります。将来も外部資金に頼る必要がない（資金は潤沢）と考えて配当を多く支払ったものの，実際に実現した利益はさほど多くなく，事業資金を賄うため配当を減らさなければならなくなったというのでは，収益や事業計画に関する経営者の見通しが甘いと受け止められがちです。このような評判がたつと，資金調達をはじめ事業運営に追加的な費用がかかることが予想されます。評判コストは，基本的には配当金額を一定に保ち，将来もその配当を維持できる見通しが立ったときにはじめて増配しそれを以後は維持するという安定配当政策を経営者が採用する根拠となっています。

16.6 ｜ 自社株買い

　昨今の日本では，会社による自社株取得も盛んです。かつては株式を会社自らが買い戻すことは望ましくないとして自社株取得は原則禁止でしたが，平成13年6月の商法改正で一定の条件を満たせば原則自由となり，平成18年施行の会社法ではさらに自由度が高まって手続きも緩和されました。図表16-2は東証第1部および第2部上場会社が4月1日から翌年3月31日までの1年間に行った自社株取得金額の合計値の推移です。斜線棒グラフが自社株取得金額，横線棒グラフが配当金額です。2008年度までは，両者は似たような変化を示し，2009年度以降は配当金額に比べて自社株取得金額はやや低調です。

　自社株取得の反対側には，会社に株式を売り渡した投資家（元株主）がいます。多くの場合，会社は流通市場で自社株を購入（いわゆる「自社株買い」を）するため，投資家は自分の株式売り注文の相手方（買い主）が誰か知りません。売買が成立しても，自分の出した売り注文に応じてくれた投資家がいたことが

188

第16章 株主還元政策

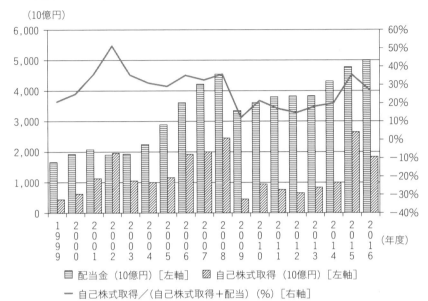

図表16−2 東証1部・2部上場会社の配当金額と自己株取得金額の推移

出所：Financial Quest から作成。4月1日から翌年3月31日。

わかるだけです。投資家は株式売却で得た資金を，会社が利益の一部を株主に還元したものとは認識していないと考えられます。こうした取引をなぜ，株主に対する還元とみるのでしょうか。

　現金配当の場合と比べてみましょう。発行済株式数が1,000万株の会社が，例えば1株あたり配当10円／株を支払うと，社内の現金1億円が減ります。配当金を受け取るのは基準日時点で株主名簿に名前が載っている株主です。現金配当では，事業を通じて会社が獲得した利益が，配当金という形で投資家の手元に戻されます。持ち株数に比例する，株主全体への還元です。自社株買いでは，会社から現金（自社株式の購入代金）が支払われる相手は，株式を売却した元株主だけです。会社にあった現金が株主の元に移動するという点では現金配当の場合と共通ですが，現金配当と違って一部の株主しかその現金を受け取りません。このような違いがあるものの，「投資家全体」と「会社」という形でまと

第Ⅲ部　コーポレート・ファイナンス（企業金融）

めると，現金配当も自社株買いも，事業成果の一部を投資家全体に現金として
手渡すという点では同じです。配当金や自社株買いに使った資金は会社外へ出
て株主（投資家）の手元に移動します。

　買い取った自社株式は，どうなるのでしょうか。金庫株として持つ場合と，
消却して資本金を減らす場合とがあります。自社株買いと消却の組み合わせは，
増資によって株式が追加発行され現金が会社に入るのとちょうど反対になり，
株式数は減少し現金が流出します。金庫株の使い道はさまざまです。他企業の
株式を取得する際の支払いに充てる，新株予約権の権利行使が行われた場合に
金庫株を引き渡す，金庫株を再び市場に放出する（売却する），などです。現金
配当では社外へ現金が一方的に出てしまいますが，自社株買いでは支払われる
現金と引換えに自社の株式を受け取るので，消却しない限りは，他に使い道が
あるのです。

　図表16－3は，過去4回市場で買い付けることで自社株取得を行ったサイ
バーエージェント社の自社株買いと消却です。初回の自社株買いは東証マザー
ズ上場後2年ほど経った2002年で，6ヶ月程かけて市場から自社株を買ってい
ます。以後は数日間で買い付けています。金庫株として保有した自社株を消却

図表16－3　サイバーエージェントの自社株取得と消却

自社株取得期間	取得方法	金額	消却日	消却金額
2002．2.27-2002．9.17	市場買付	15億円	2004．6．2	11.9億円
2007.11.14-2007.11.15	市場買付	9.9億円	2008．9.30	9.9億円
2011.10.28-2011.10.31	市場買付	19.9億円		
2013．2．1-2013．2．7	市場買付	49.9億円	2013．2.28	19.9億円

サーバーエージェント：1株あたり配当金と配当金総額の推移

	2004.9	2005.9	2006.9	2007.9	2008.9	2009.9	2010.9	2011.9	2012.9	2013.9	2014.9	2015.9
1株あたり配当金(円／株)	14	12	9	10	7	10	22	35	35	35	40	50
配当総額（億円）	2	3	5	6	4	6	14	22	22	21	24	31

注：2014.09には，東証1部上場記念配当20円／株をこのほかにも実施。
出所：http://www.cyberagent.co.jp/ir/dividend/

第16章　株主還元政策

する時期，株数消却金額に規則性を見ることができません。この間の1株あた
り配当金は2008年9月期にかけて減少した後，業績の伸びを反映して増加して
います。

16.7 | 自社株買いのシグナル効果

　多くの企業が安定的な配当政策をとってきたのに比べ，自社株買いには定期
性が見られません。必要な資金が社内になければ自社株買いを実施できません
から，自社株買いは資金的な余裕の証です。ただこの余裕が会社の将来にとっ
てプラスなのかマイナスなのかは，意見が分かれます。資金的な余裕は本業が
好調という意味でプラスとする一方，それを使う有力な投資先が社内に（ある
いは手近に）ない，もうこれ以上成長する余地がないという意味ではマイナス
です。市場参加者がどう解釈するのかは，ケースバイケースです。

　自社株買いおよび現金配当について企業側はどう考えているのか，花枝・芹
田［2008］は日本の企業経営者を対象にアンケートを行いました。その結果，
自社株買いよりも現金配当の方が将来に対する自信や内部情報の伝達効果が高
いと考えている経営者が多いこと，また，現金配当より自社株買いの方が将来
性を持つ投資機会を持たないと解釈されると考えている経営者の多いことがわ
かりました。特に，内部情報に基づくと株価が割安（内部情報に基づく「本来
の」株価はもっと高いはず）と考えていることを，市場に伝達する手段として
自社株買いをとらえている経営者が多いという結果は注目に値します。

1　繰り返しになりますが，R は金融資本市場における他の投資機会の（期待）投資収益率で，所与で
　す。将来価格 $p1$，配当金額 d は，投資するかどうかを現在検討している株式（会社）の，将来に関
　する予想値（期待値）で，これらも現在時点では所与です。するとこの式は現在価格 $p0$ に関する方
　程式とみなすことができ，$p0$ について解くという次の変形になります。

2　配当は，たとえば1株あたり5円という形で支払われますから，株主が受け取る配当金は，持ち株
　数に比例します。そこで，新株式を1株あたり何株という形で発行すると，持ち株数の多い株主は，
　持ち株数に比例する形で新株を引き受けることになります。増資により発行済株式数は増えますが，
　株主がもっていた株数が発行済株式数全体に占める割合は変化せず，株主総会での議決権行使にも影
　響がありません。

191

3 配当支払後に増資が行われるため，増資に応じた新規株主は配当を受け取れません。（今期）配当の権利は失った株式の株価が $p0'$（円／株）で，新株主はこの価格で新株式を「購入する」ことになります。

4 減資は，文字どおり資本金を減額することです。1株あたり50円／株の簿価が貸借対照表に記載されている株式を100万株だけ減資すると，発行済株式数が100万株，資本金が5,000万円，それぞれ減少します。減資で得られる金額は，多くの場合，累積赤字の相殺に使います。株主が拠出した資金のうち，減資による5,000万円を赤字払拭に使うのです。そのため，減資というと赤字企業が行うものというイメージがあります。ここでは株主が2,000万円を配当金として受け取る代わりに，発行済株式数を減らすという「株式消却」を行うケースを考えています。

5 これと違った立場に立つ法人実在説では，法人は個人とは別個の存在と考え，法人も個人も社会を構成する上で必要な費用をそれぞれ独立に納税すべきであると考えます。法人実在説の下では，配当に関して二重課税があるとは考えません。法人（会社），個人がそれぞれ税金を支払うに過ぎないからです。

6 法人所得税率を t，利子所得にかかる源泉徴収税率を tr，配当所得にかかる源泉徴収税率を td と書くと，企業が稼いだ1円の税引き前所得から個人投資家が受け取る利子所得は $(1-tr)$ 円，配当所得は $(1-t)(1-td)$ 円となり，tr＝td から $(1-tr)>(1-t)(1-td)$ を導くことができます。

7 割引率を r，キャピタルゲインは T 年後に実現し，配当所得にかかる源泉徴収税率を td，キャピタルゲインにかかる申告分離課税率を tg と書くとき，1円の配当から個人投資家は $(1-td)$ 円を受取り，将来1円のキャピタルゲインから手にする $(1-tg)$ 円の割引現在価値は $(1-tg)/(1+r)^T$ 円です。td＝tg から $(1-td)>(1-tg)/(1+r)^T$ を導くことができます。配当しなかった1円は企業内で投資され，T 年後に支払われるときには $(1+r)^T$ 円になっていると考えると，税引き後キャピタルゲインの割引現在価値は税引き後配当と等しくなります。

8 15.2.3で述べたペッキングオーダー仮説が示すとおり，コストの低い内部資金をまず使い切り，それでも不足していた場合は外部資金を使うことになります。

9 現金配当の多寡は，このように事業資金の必要度との兼ね合いも考慮しなければなりません。資金需要が強い"若い企業"は配当が少なく，事業が安定していてそれほど資金を必要としていない"成熟企業"は配当が多いという，配当に関する「成熟仮説」が提唱されています。

第17章
企業再編

　事業を進める中で，他企業から事業を譲り受けたり，逆に自社の事業を他企業に譲渡したりする場合があります。事業の再編成です。場合によっては，他企業そのものを買収し合併することによって，自社に取り込んでしまうこともあります。事業の再編成と併せて企業（会社）レベルの再編成も行う形です。このような事業や企業の再編は近年非常に盛んです。事業内容や進め方の変更，それを推進する組織としての企業形態の変更・改変は「非金融」的領域で生じるもので，コーポレート・ファイナンスといった「企業金融」の領域とは関係がなさそうに見えます。しかし事業再編であれ企業再編であれ，変更が起こる際にはお金も同時に動きますから，実はかなり密接な関係があります。こうした事業再編を扱う本章は，17.1で企業再編と株式市場との関係に触れた後，17.2で企業買収や合併といった事業再編を行う株主側の動機やその経済的根拠を整理します。17.3では株式の取得が比較的容易になってきた日本における株式所有構造の変遷を振り返り，企業支配権を株式取得によって実現することに関する諸問題を17.4で概観します。

17.1 ｜ 株式会社の企業再編

17.1.1　企業再編とは何か

　企業再編とは，企業買収，事業再編，事業提携などを含む最も一般的なことを指します。まず企業買収，いわゆる M&A（企業合併（merger）・買収（acquisi-

193

第III部　コーポレート・ファイナンス（企業金融）

tion））では，買収側企業が被買収側企業の株式を買い集め，両方の会社の株主総会の承認を得て合併します（2つの会社が1つの会社になります）。たとえば，1970年代に20社近くあった大手銀行は，2000年代初めには3大メガバンクに統合され，その過程で合併が行われました[1]。また，企業グループ内の各社で，事業の実施主体を別の会社に移すようなことも，企業再編と呼ばれています[2]。事業提携はさまざまな方法があります。2014年2月に三菱日立パワーシステムズという新会社を設立し，火力発電事業を統合した日立製作所と三菱重工といった大型例から，従業員数十数名の企業が自社製品の新たな販路を求めて多くの企業と連携した例まで，多岐にわたっています。

17.1.2　企業再編の背景

　企業再編が日常的に行われているのは，企業を取り巻く経済環境が変化するからです。規制緩和や法律・制度の変更も環境変化です。環境が変わると，企業価値を高める事業内容も変わることは容易に想像できます。ここ20年間進行中の大きな経済環境変化の1つは，国際化・グローバル化です。国際化により各企業は世界中の会社を相手に競争するようになり，不採算事業の整理と事業構成・組み合わせ方の再編を迫られ，その過程で企業再編を行っています。

　もう1つの環境変化は，1980年代後半のバブル期に日本企業はバランスシートの貸方・借方両面が膨らみ，バブルが崩壊した1990年代になるとこの「贅肉」を削ぐ必要が生じたことです。必要な事業再編を実施しやすくする，さまざまな規制が緩和されました。平成9年（1997）の商法改正で合併手続きが簡素化され，同年の独占禁止法改正で純粋持ち株会社が解禁され，合併届け出範囲の縮小や審査期間の短縮が図られました。平成11年（1999）には株式交換，株式移転制度が導入され，企業再編がより簡単になりました。産業政策も変化し，平成12年（2000）に大型店舗法が撤廃され，規制目的は中小小売業者の保護から地域環境保護に移り，大型店舗を作るM&A件数が増加します。また1995年に発電設備をもつ企業は電力会社に売電可能になり，2000年に大口需要家向けの電力小売りが自由化され，2016年に電力小売りが全面自由化されました。

　事業再編は，(1)経営統合，(2)事業統合，子会社や既存企業の集約，(3)新規事業の開始，新分野進出，(4)既存事業のテコ入れ，(5)事業の分離・整理・撤退，

第17章　企業再編

(6)子会社・関連会社の分離・整理・撤退，に分類できます。これらを企業がな
ぜ望ましいと考えるのか，次節17.2以降でもう少し詳しく見ていきます。

17.1.3　企業再編と株式市場

　他企業の買収・合併には，その企業の所有権取得が必要です。株式会社の場
合，所有権を持つのは株主です。買収先（被買収企業）が上場会社であれば，
株式市場で株式を買えば所有権を取得できます。未上場企業の場合，株式は取
引所で取引されていませんから，株主を探し出し，直接，売買交渉します。

　このように，株式流通市場は企業売買の市場としてとらえることができます。
また，株主として株式会社の所有者になることは，企業運営に関する主たる意
思決定を行う権利を得ることでもあります。このため，株式市場は企業支配権
の市場とも呼ばれています。そして，取引が円滑に行われる企業支配権市場の
存在は，企業再編を効率よく進めるうえで重要な制度基盤となります。

17.2 ｜ 企業買収・合併の動機

17.2.1　正味現在価値の増加

　事業内容がそれに適した企業組織の形態を定めるので，究極的には，事業内
容の選択が企業買収や合併をうながします。事業選択の基準として，第14章で
正味現在価値 NPV を学びました。この基準に従うと，企業買収や合併を行うの
は，それにより正味現在価値が増加するからということになります。

　具体的な数値例をみておきましょう。企業 A 社が企業 B 社の買収・合併を検
討しています。それぞれが行っている（通常は複数の）事業をひとまとめにし，
A 社の事業を"A"，B 社の事業を"B"と書き，両者が単独で事業を行う場合
の正味現在価値をそれぞれ NPV（A），NPV（B）で表すとき，この値がたと
えば，

$$\text{NPV（A）}=400\text{（億円）}, \quad \text{NPV（B）}=100\text{（億円）}$$

とします。買収により A 社が B 社の事業も併せて 1 つの組織で行う場合の正

195

味現在価値 NPV（A&B）が，

$$\text{NPV（A\&B）} = 560（億円）$$

になると想定します。

それぞれが別々に事業を行っていた場合，事業全体としては，

$$\text{NPV（A）} + \text{NPV（B）} = 400 + 100 = 500（億円）$$

の価値を持っていました。買収・合併により組織形態を変更すると，NPV（A&B）＝560（億円）の価値を持つことになるので，その差額，

$$\text{NPV（A\&B）} - (\text{NPV（A）} + \text{NPV（B）}) = 560 - 500 = 60（億円）$$

の価値増加が生じます。このような価値の増加が企業買収・合併を行う基本的な理由です。価値増加の源泉は，17.2.4で検討します。

17.2.2　株主の得失：現金買収のケース

B社を買収するために，B社株主からA社は株式を入手しなければなりません。株式取得のため，A社は現金で130億円をB社株主に支払う場合を想定し，A社株主，B社株主，それぞれの立場からこの買収を検討します。もっとも簡単な例として，A社，B社とも負債がないことを仮定します[3]。

負債がないので，NPV（B）＝100億円はB社株式の時価総額です。発行済株式数が1億株の場合，株価は100円／株です。A社がB社の買収に130億円を支払うと，B社の株主は1株あたり130円／株でB社株式をA社に売却することになります。B社株主は1株あたり30円多く入手します。B社株主にとってA社の買収提案は明らかにメリットがあり，買収が実行されます[4]。

A社についても，NPV（A）＝400（億円）はA社の株式時価総額と一致します。発行済株式数が2億株なら株価は200円／株です。買収後の正味現在価値はNPV（A&B）＝560億円ですが，現金130億円をB社株主に支払っており，その分を差し引いた，

$$(\text{NPV（A\&B）} - \text{現金支出}) - \text{NPV（A）} = 560 - 130 - 400 = 30（億円）$$

が，A社株主からみた「B社買収・合併というプロジェクト」の正味現在価値です。1株あたり15円価値が増加し，A社株価は215円／株に時価総額は430億円になっています。A社株主にとってもメリットがあることが確認できます。そもそもこの企業買収がA社の価値を増加させないのであれば，「企業価値」を行動基準にしているA社がこれを実施することは正当化できません。

　以上を整理したのが図表17－1です。買収により事業全体での企業価値は60億円増加します。A社株主は増加額の半分を，B社株主が残りの半分を得ます。A社は負債を持たないので，A社株式価値の増加分はA社の企業価値増加分と一致しており，買収を行ってA社は企業価値を増加させたことになります。

　なお，正味現在価値をもとにした議論では，株主や債権者など資金提供者にとっての価値しか考慮していないことに注意してください。この他にも，事業の利害関係者として，製品やサービスの顧客，原材料等の納入業者，企業で生産に携わる労働者をはじめさまざまな人々が存在します[5]。消費者なども含めた経済厚生については，別途，検討が必要です[6]。

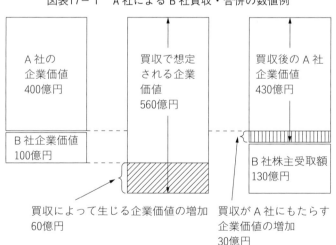

図表17－1　A社によるB社買収・合併の数値例

第III部　コーポレート・ファイナンス（企業金融）

17.2.3　株主の得失：株式を手渡すケース

　前項の例は，現金で買収先企業の株式をすべて買うことを想定していました。この他，買収先企業の株主にその株式と交換に買収側企業の株式を引き渡すことでも買収できます[7]。また，子会社 C が他の企業 B を買収する場合，会社 C 以外の株式，典型的には（上場している）親会社 A の株式を B 社株主に引き渡す，三角合併と呼ばれる手段がとられることもあります。

　ここでは，現金を使わず，買収に際して買収側企業の株式を交付する例を考えてみます。A 社が B 社を買収する場合，B 社株主に B 社株式 1 株あたり A 社株式を何株手渡せばよいのでしょうか。この問題は， 2 つの企業が合併し新しい企業を作る，あるいは，合併する 1 つの企業が存続企業となりもう一方は廃止企業となるという場合の合併比率を求めるのと，同じように考えます。

　引き続き17.2.1の数値例を使います。買収前の A 社株価は200円／株で発行済株式数は 2 億株，B 社株価は100円／株で発行済株式数は 1 億株です。17.2.1の B 社株主は現金130円／株と引換えに株式を A 社に渡しましたが，ここでは A 社が新規に発行する株式と引換えに B 社株式を A 社に渡します。この交換比率を x とすると，B 社株式 1 株と A 社株式 x 株とが交換され，B 社株式 1 億株と引換えに A 社株式 x 億株が新規発行され，A 社株式は $(2+x)$ 億株に増えます。買収後の合併により B 社は消滅し，B 社株式とともになくなります。

　買収前の株価を基準にすると，B 社株 2 株あたり A 社株 1 株との交換は，B 社株主にとって損得なしです。しかし交換で得られる A 社株式は，買収成立後の（A と B の事業を行う）新 A&B 社の持ち分になるのに，買収前の株価に基づいて計算するのは首尾一貫していません。買収・合併の本質は A 社と B 社とで新会社 A&B を作ることです。その際 A 社株主全体が新会社に400億円を出資し，B 社株主全体が100億円を出資します[8]。出資割合に応じて新会社 A&B に対する持ち分を計算すると，A 社株主の持ち分は80％（＝400／(100＋400)），B 社株主の持ち分は20％です。旧 A 社株式をそのまま新 A&B 社の株式として使い続ける場合[9]，出資比率と持ち分比率を一致させるには，

$$2\text{億株}／（2\text{億株}＋x\text{億株}）＝0.8$$

図表17-2 株式を手渡す買収・合併の数値例

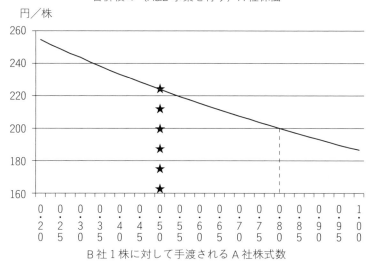

を満たすように，すなわち，x＝0.5億株とすることになります。合併後の企業価値は560億円，株価は224円／株（＝560／(2＋0.5)）です。図表17-2の星印がこの位置を示します。合併により株価が200円／株から224円／株に上昇し，A社株主は12％のキャピタルゲインを得ます。100円／株のB社株を2株持っていたB社株主は，新株1株（224円／株）を入手します。彼らが合併によって得られる利得も，A社株主と同じ12％となります。

A社株主が企業価値を高めるには，B社買収が必要です。B社株主にこの買収・合併を受け入れてもらうため，A社株主は，最大限どこまで譲歩できるでしょうか。B社株主に与える株式数を増やすと新会社の株価は下がりますから，これが買収をしなかった場合の株価200円／株と一致するところまで，すなわち，

$$560／(2＋x)≧200$$

で，等号を成立させる値 x＝4／5 です。図表17-2の破線がこの値を示しま

第Ⅲ部　コーポレート・ファイナンス（企業金融）

す。これを超える交換比率を用いた買収は，Ａ社株主にとって損失です。そこで，株式交換比率 x は，星印（0.5）と破線（0.8）との間のどこかが選ばれます[10]。

17.2.4　買収・合併の形態とその経済的根拠

　現実の事例を事業特性という観点から分類すると，次の２つに大別できます。１つは買収側と被買収側の事業が同じ産業に属しているか強い関連がある場合で，「水平的買収・合併」や「垂直的統合」と呼ばれます。前者は同業他社の買収や合併で，後者は取引相手との合併です。もう１つは買収側と被買収側の事業が同じ産業に属さない「コングロマリット型」です。それぞれの経営統合における価値増加の源泉を見ていきます。

　水平的合併の例は，1990年代の大手都市銀行の合併の他，2003年に業界２位の日本鋼管と同３位の川崎製鉄が合併して誕生した JFE スチール，2010年に新日本製鐵が住友金属工業と合併して誕生した新日鐵住金です。水平的買収・合併を行う理由は，規模の経済性の追求です（3.3.1）。それまで別企業で行われていた製造過程をひとつの企業にまとめる垂直的統合の例は，3.3.3でとりあげた GM 社とフィッシャー・ボディ社との統合です。関係特殊性投資がもたらすホールドアップ問題の解決が，統合理由でした。

　買収・合併の２つ目のタイプである「コングロマリット型」は，独占禁止法の運用が厳しい1960年代の米国で盛んに行われました。企業が多角化を目指して企業買収・合併を行い，できあがった巨大企業はコングロマリット（複合企業）と呼ばれていました。事業それぞれが相互に直接関連していなくても，それを１つに統合するのは，企業内の経営資源が互いに補完できるからです。夏は繁忙期で多くの労働者が必要だが冬は労働力に余裕がある企業と，夏は余裕があり冬が繁忙期という企業との組み合わせというような，汎用的な経営資源（この例では労働力）を利用した一種の二毛作です。事業特殊的ではない経営資源は他の事業にも活用できるため，関連性のない事業を１つの組織で実行すると，その資源を有効活用できます（3.3.2，範囲の経済性があるケース）。補完が有効となる理由は，当該経営資源の数量を短期的に変化させられない，あるいは変化させるにはコストがかかりすぎることです。季節労働者の雇い入れと

第17章　企業再編

解雇を半年ごとに繰り返すコストがほとんどかからないのであれば，1つの企業で二毛作を行う必要がないからです。

　汎用的な経営資源の典型例は，資金です。必要な事業資金を市場でいつでも自由に調達できるならば，不要・不急の資金は資金提供者に躊躇なく返却できるでしょう。ところが実際は，非対称情報などが原因で資金調達自体に費用がかかります。このため，余剰資金を持つ企業が，自社内で本業とは関連性のない事業を始めるということが正当化されうるのです。

　ただし，資金余剰を主たる動機とするコングロマリット型事業買収・合併は，マイナスの評価を受けることをP.バーガーとE.オフェクの1995年の論文や平元の2002年の論文が示しました（多角化ディスカウント（Diversification Discount））。一企業が関連性の低い事業を同時に行うことで事業リスクを分散し収益を安定させることは望ましいと，昔は言われていました。しかし，技術革新により金融取引のコストが以前と比べ大幅に低下した近年は，分散投資により投資家が事業リスクを分散できます。投資家が実行可能なことを，企業が行う必要性はありません。

17.3 株式流通市場（企業支配権市場）の変化：株式所有構造

　実際の株式取得では，既存株主はどういう人々かが重要です。17.2.2の例ではB社株主が金銭的収益だけを求め，投資視野も短期の投資家であれば，現状より少しでも高い買取価格を提示されれば，「確実な投資収益を上げられる」として買収に応じるでしょう。ところがB社株主に創業者一族がいて，たとえば祖父の興した会社に関わり続けたいと考えている場合，そう簡単には株式を手放してくれません。あるいはB社に大口株主がいる場合，この合併（新事業展開および価値増加）を実現するにはB社事業が不可欠ですから，このことを盾にとってかなりのメリットがなければ株式を売らないというかもしれません。株主構成は，提案される買取価格および買収の成否に大きな影響を与えます。

　企業買収・合併が近年盛んなもう1つの背景は，1970年代までの高度成長期に比べ，株主構成が大きく変化していることです。すなわち，機関化現象，株

201

第III部　コーポレート・ファイナンス（企業金融）

式相互持ち合いの減少，および，外国人投資家の増加です。機関化現象とは，機関投資家による株式所有割合が高まっていることです。株式持ち合いとは，企業集団に属する企業が株式を相互に持ち合うことです。1990年代に，金融機関は不良債権処理に一般企業は事業立て直しにそれぞれ追われるなか，企業集団の結束が緩んで系列にとらわれない取引が広がり，企業集団の中核にあった金融機関が合併していきます。この間，株式相互持ち合い比率は低下し続けました。企業や金融機関が持ち合いを解消する過程で外国人投資家が株式を購入しました。特にここ数年，外国人の保有割合は第1位です。これらにより，株価に関係なく長期保有する株主は減り，以前よりはるかに容易に買収を行えるようになりました。

17.4 敵対的買収

1990年代以前の日本でも産業再編や不振企業の救済のため企業買収・合併が行われてきました。その多くは事前に当事者に十分に根回ししたうえで行われる友好的なものでした。外資系のスティール・パートナーズ・ジャパンが2003年にユシロ化学やソトーに対して買収を仕掛けて失敗したとき，こうした従来型とは異なる買収，敵対的買収が話題となりました。

敵対的買収では，現経営陣（取締役会）が反対する中で，買収先企業の一般株主に対して買収側は株式公開買付けを行います。買付け期間，価格，買取り株数を公告し，株主に買付けに応募してもらい，株式市場外で株式を買い集めるのです。経営権が移動するような市場外での大量買付け[11]は，その情報を一般に開示して手続きを透明化・公正化し，その機会に株主の誰もが平等に参加可能とするため，金融商品取引法は公開買付けとすることを要求しています。

17.5 企業支配権の獲得

企業買収では買収先企業の株式を買収側企業が買い入れるためそれまでの市場価格より高い買収価格を提示します[12]。この買収価格は何に基づいているのでしょうか。

第17章 企業再編

株価が株式の市場価格である以上，それは株式がもたらすもの，具体的には株式という証券が持つ権利に基づいているはずです。買収・合併による事業再編は企業価値を増加させると仮定した17.2.2では，株式が株主にもたらす権利は事業収益の分配を受ける権利だけとして議論しました。その他の権利，たとえば株主総会で会社の基本的な経営方針を承認したり取締役を選解任したりする議決権については，明示的には考慮しませんでした。また，株主は，株式の市場価格に基づいて判断することを仮定していました。しかし，一般株主は享受できないが経営者は享受できる役得が存在したり，創業者一族としての誇りなどに経営者が高い価値を見いだしたりしている場合は，大口株主である経営者は，市場でつけられている株価以上の値でなければ，所有する株式を手放さないでしょう。この節では，株価のこうした構成要素を考えます。

17.5.1　種類株式とコントロール・プレミアム

借りた資金を所定の期限に返済する約束の表明である債券と異なり，株式は，出資した資金に対する見返りとして会社に利益が出た場合に現金配当などで還元する約束しかしていません。そうした緩い「返す約束」に対して資金を出してもらうため，株主は会社の経営権も併せて取得しているのが通例です。経営がまずくて利益が出そうにないなら，（株主総会での議決により）株主は経営方針や経営者を変更する権利を持っているわけです。

株式所有者である株主の権利は，次の2つに大別できます。

(1)　自益権：企業収益など経済的利益の請求権，いわゆる収益権。

(2)　共益権：企業経営に参加する権利，いわゆる議決権。

自益権には，剰余金配当の請求権，（会社解散時の）残余財産分配請求権，株式買取り請求権などが含まれ，**共益権**には，株主総会での議決権，株主提案権，代表訴訟提起権，役員解任請求権などが含まれます。

これまで，全ての株式は同じ権利内容を持つのが原則でしたが，平成17年会社法により，違った権利内容を持つ株式発行が可能になりました。会社法108条は，図表17-3に掲げた各項目を自由に組み合わせて，その会社独自のタイプとなる株式を認めています。権利内容が異なるそうした株式それぞれを「種類株式」と呼びます。各会社が定款で特に定めない限り，株式は会社法が定める

203

第III部　コーポレート・ファイナンス（企業金融）

図表17-3　会社法108条による，株式に与えうる権利内容

(1)剰余金配当	(4)譲渡制限	(7)(株主総会決議を経て)会社に 　　による全部取得
(2)残余財産分配	(5)(株主からの) 取得請求権	(8)拒否権
(3)議決権制限	(6)会社による強制取得 （一部 　　ないし全部）	(9)取締役・監査役の選解任権

標準的な権利を持つ，従来型の株式（普通株式）になります。

　アメリカのアルファベット社やフェイスブック社は，創業者が経営権を維持できるよう，普通株式が1株1票のところ，1株10票の議決権を持つ種類株式を発行し，後者は上場せず，経営者，その親族，および彼らの資産管理会社が保有し，上場した普通株式の議決権すべてを集めても過半数を超えない仕組みを実現しています。日本の上場企業では介護・医療向けのロボット・スーツを開発・販売するサイバーダイン社が，議決権の異なる種類株式を発行しています[13]。上場株式を買い占められ，ロボット・スーツの技術を軍事目的に転用されることを防ぐためです。この他，非上場の中小企業では，相続に際して経営権が分散し親族内で経営権を巡った内紛が生じることを防ぐため，種類株式が使われています。

　種類株式の価値は，どのように決まるのでしょうか。株式をはじめ，証券はその所有者に与えられた権利に基づいて価値が定まっています。権利内容に対する評価の違いが，違った権利内容を持つ種類株式間の価値にも反映されます。たとえば，議決権の有無だけが異なる種類株式間で株価が違っているならば，その差はその会社の議決権の価値であると考えることができます。

　議決権を持つことによる株価上昇分（無議決権株式の株価より高くなる分）をコントロール・プレミアムといいます。イタリアやアメリカの上場企業の種類株株価を使ってこれを計測したL.ジンガレスは1994年および1995年の論文で，平常時のプレミアムは無視できるほど小さいものの，大株主の予期されない死去や創業者の引退により新しい経営者探しがアナウンスされるときに，プレミアムは跳ね上がることを示しました。議決権争いが顕在化していない平時における平均的なプレミアムの値は，イタリアでは80％，アメリカでは10％と

第17章　企業再編

推定しています。

17.5.2　敵対的買収防衛策

　株式市場，すなわち企業支配権の市場では，潜在的なものも含めて，経営者が経営戦略を競い合い，そのうち最も高い企業価値を見込めるものが，企業支配権を獲得ないし維持するのが本来の姿です。経営候補者間の自由競争が，株主の共同利益にとって望ましい結果を生むという想定です。それにもかかわらず，敵対的買収の場合に買収者が経営権を獲得しにくくなるような方策（買収防衛策）をあらかじめ準備することを認める根拠は，次のとおりです。

(1)　株主の共同利益を侵害する濫用的買収者による買収を阻止するため。

(2)　強圧的2段階買収など，株主に株式の売却を事実上強要するおそれがある買収を阻止するため。

(3)　株主が買収提案の内容を十分理解し，判断する時間を確保するため。

　上記(1)の濫用的買収者とは，買い占めた株式を会社側に高値で買い取ることを要求する者(グリーンメーラー)，会社を一時的に支配することにより会社の重要な資産を安値で取得することを目指す（会社の犠牲のもとで買収者の利益実現を目指す）者，会社の資産を買収者の債務の担保・弁済原資として流用しようとする者，会社の高額資産で事業に当面関係していないものを処分しその処分利益を使って一時的な高額配当を行う者，あるいは一時的な高額配当による株価急上昇の機会を狙って高値で売り抜ける者を指します。

　また，(2)の強圧的2段階買収とは，最初は全株式の買付けを勧誘せず，残された株主に対する2段階目の買付条件を不利に設定することを予想させ（あるいは明確にしないで），公開株式買付けを行うことを指します。これは，1段階目の買収には応じず株式を保有し続けると，1段階目で多数を得た買収者が上場廃止を行って株式を市場で売却する手段を奪い，2段階目では株式本来の価値より低い価格で買収者が買取りを迫るのではないかなど，1段階目で売却しないと不利になるのではないかと株主に思わせるような買収のことです。

　買収を阻止する上記の根拠(1)(2)は，既存株主に共通する利益を守るためです。現在の経営陣の地位やその利益を守るためではありません。敵対的買収者が現れたとき，彼らと現在の経営陣とではどちらが株主の利益になるのか，それぞ

205

第III部　コーポレート・ファイナンス（企業金融）

れの事業計画や経営方針を株主が吟味する必要が生じます。上記(3)は，株主に
そうした時間的余裕を与えるためのものです。

　買収防衛策導入にあたっては，目的・内容が具体的に開示され株主等の予見
可能性を高めるとともに（事前開示の原則），株主の合理的な意思に依拠する
（株主意思の原則）ことによって，適法性および合理性の確保に努めることが望
ましいとされています（経済産業省・法務省［2005］）。買収を防止するうえで
必要かつ相当なものとすべきであるという，必要性・相当性の確保が求められ
ています。

17.5.3　敵対的買収防衛策の実際

　2005年から多くの企業が敵対的買収防衛策を導入しました[14]。代表的な事前
警告型の防衛策[15]では，一定の議決権割合（20％など）を超える大口買収者が現
れたとき，その目的や事業計画に関する情報を請求し，取締役会，あるいは，
社外取締役や学識経験者など会社から独立したメンバーで組成する特別委員会
が，60〜90日間の所定の期間，得られた情報を検討します。特別委員会が設置
される場合はその検討結果を尊重しながら，取締役会が，大口買収者への対抗
措置を講じるかどうかを決めるという手続きをあらかじめ開示しておくのです。
発動する対抗策としては，大口買収者以外の株主に新株予約権の無償割当を行
い大口買収者の議決権割合を低下させるのが一般的です。

　その後のさまざまな敵対的買収事例を受け，経済産業省の指針公表（2005
年），新会社法の制定（2005年），大量所有報告制度・公開買付け制度の整備を
含む形で改正された（旧）証券取引法（金融商品取引法と改題（2006年）），制
定後のさまざまな法律改正など，制度整備が進行してきました。近年はコーポ
レートガバナンス・コード（2016年），スチュワードシップ・コード（2014年）
も制定されました。これらに鑑み濫用的買収者が出現する可能性は低くなった
として，買収防衛策を廃止する企業が相次いでいます。各企業の「コーポレー
トガバナンス報告書」にある買収防衛策導入の有無を2016年11月時点で集計し
たデータ[16]では，買収防衛策を持つ企業は448社，持たない企業2,990社です。レ
コフデータ社によると，導入企業数は9年連続で減少しており，2017年7月末
現在では事前警告型の買収防衛策導入企業数が408社，信託型が2社，その他が

206

第17章　企業再編

2社です。

1　全国銀行協会のサイトに平成元年以降の銀行の合併をまとめたチャートがあります（http://www. zenginkyo.or.jp/article/tag-h/7454/）。

2　たとえば2015年10月に三菱重工業は，工作機械事業部を子会社の三菱重工工作機械販売と統合し，製造・販売一体型専業メーカー，三菱重工工作機械を設立しています。三菱重工業の関連企業内での事業（販売と製造）統合の例です。

3　合併により事業リスクが変化し，債権者は株主とは違った影響を受けることがあります。合併資金を新たに借り入れて負債が増え，既存負債の債務不履行になるリスクが高まる場合などです。こうしたリスク変化は買収・合併と資産代替とが同時に起こるケースとみなせるため，ここでは買収・合併の効果だけに議論を絞っています。

4　B社が上場会社の場合，買収側のA社は，広く分散しているB社株主に対して買収提案を公告します。公開市場買付（TOB）です。現在の市場株価より高い買付価格を提示することで，買収者は，買収先企業の株主がこの買付けに応募し，必要数の株式買付けができることを期待しています。合併はB社株主総会で賛成を得られなければ実現できませんから，最終的に得る株式数（議決権数）が多数であることも重要です。これらは後ほど17.2.3で述べるため，ここでは30％高い価格の提示によって買収が成功するものとして話を進めます。

5　合併によって配置転換や解雇が行われるなど，A社およびB社の従業員が影響を受けることはもちろん，工場や事業所などの統廃合があれば，地域経済も影響を受けます。こうした人々も両社の利害関係者です。

6　たとえば，A社とB社以外に同種製品を提供する企業が存在せず，合併により市場を独占し製品価格を高く設定できる場合，60億円の価値増加は消費者が被る不利益からのみ生じることがあります。この場合，消費者を含めた経済全体の経済厚生は，生産者側の価値増加が消費者側の経済厚生の低下で打ち消され，後者の低下度合いによっては，買収による事業統合は経済全体にとっては望ましくないかも知れません。

7　株式交換は，平成11年改正商法（これを引き継ぐ平成17年新会社法）による法律用語です。発行済株式の全てを他の会社に取得させその会社の完全子会社となる手続きです。これと区別するため，株主の一部は買収提案に応じない余地を残した株式「交換」を，ここでは株式手交型と呼ぶことにします。

8　出資は資金を出すという語感がありますが，この合併ではA社株主もB社株主も資金は提供していません。そのかわり，株式時価総額に相当する資産を提供しています。起業する際（会社設立時）にも時折見かける，現物出資の形です。

9　2社が合併する際，一方を存続会社にもう一方を消滅会社にして（吸収合併），消滅会社の権利義務を存続会社がすべて引き継ぎます。2つとも消滅会社にしていったん解散し新設会社を設立すること（新設合併）も可能ですが，解散すると合併前の会社が持つ事業免許などを新設会社に引き継げないため，現実にはあまり用いられていません。

10　株式交換比率は，B社の株主構成（17.5）と競合状況から影響を受けます。競合状況とは，B社資源を活用できる企業がA社以外に存在しB社を巡った「取り合い」になっているのか，逆に，A社にとって有望な合併先がB社以外にもあるのか，といった事柄です。

11　大量買付けとは，市場外かつ多数からの買付けにより所有割合が5％を超える場合，または，市場外かつ買付けによる所有割合が3分の1を超える場合を指します。金融庁のサイトを参照してくださ

第III部　コーポレート・ファイナンス（企業金融）

い（www.fsa.go.jp/receipt/d_hotline/02.pdf）。

12　買収先企業を救済する場合，買収価格が市場価格より低いことがあります（ディスカウント
TOB）。一般株主はそうした提案に応じませんが，救済企業に株式を売り渡し，株主の座からおりよ
うという大口株主は，買収提案に応じます。

13　議決権の上で有利な種類株式をもつ会社が，種類株式に譲渡制限をつけ非上場とし，議決権上不利
な普通株式のみを上場すると，普通株式しか購入できない一般投資家に不利益となる可能性がありま
す。既存経営者の地位確保を目的とした種類株式の弊害を防ぐため，東証では，問題が生じた場合に
そうした議決権の偏りを無効にする仕組み（ブレーク・スルー条項やサンセット条項）をあらかじめ
設定していることを上場の前提条件にしています。

14　買収防衛策は事前警告型，信託型，その他に分類されます。拒否権付き株式を発行し日本国政府が
これを所有する国際石油開発帝石や，議決権数が多い種類株を発行するサイバーダインが「その他」
に分類されます。一定の議決権割合を超える買収者が現れたときに低価格（多くは1円）で権利行使
できるという内容の新株予約権をあらかじめ発行し，信託銀行に信託しておくのが「信託型」です（発
行済の新株予約権を買収者が入手できない）。買収者が現れたときは新株予約権を買収者以外の全株
主に交付し，株主の権利行使により議決権総数が増え，敵対的買収者の議決権割合が下がります。

15　レコフデータ社発行の『M&A専門誌MARR』2017年9月号，2010年7月号の防衛策データによ
ると，2004年12月末から2017年12月末までの毎年年末（2017年は7月末）で，「その他」に該当する
防衛策を持つ会社数は2〜4（社），「信託型」は0〜9（社），「事前警告型」は20〜563（社）となっ
ており，事前警告型が多数を占めています。

16　上場企業を対象としたデータベース「コーポーレートガバナンス評価システム，NEEDS-Cges」（日
本経済新聞デジタルメディア）による。

208

第18章
コーポレートガバナンス（企業統治）

　コーポレートガバナンスとは企業を運営・管理していく仕組みのことで，企業統治ともいいます。企業統治では，株主が求める企業価値向上のための管理体制作りとその運営が関心事です。経営者自身が大株主でもある小さな会社の場合，わざわざ体制を整える必要はないかもしれません。しかし，株主が多数いて経営者とは別人である大企業の場合，たとえば100人を超える株主が集まる，年1回の定時株主総会で経営をチェックするだけでは，企業価値を高める事業を経営者に進めさせるのは難しいでしょう。大企業では，株主総会で選出した取締役や監査役が月1回程度の会合で事業運営状況を確認し，株主総会で決めた方針に沿って経営が行われているかを監督する体制を作っています。この章はガバナンスに関する実態的な知識を提供します。

18.1 ｜ コーポレートガバナンスの体制

18.1.1 機関設計

　「株主総会」「取締役」「監査役」といった人や会議体のことを，会社法は機関と呼びます。会社の中にどんな機関を作り，それぞれにどんな権限を与えるかを，機関設計問題と呼びます。会社法は，持分会社の機関設計を制約していません。株式会社については，株主総会と1人以上の取締役の設置が必須という制約をおいたうえで，大会社か否かといった規模基準[1]と公開会社か否かといった公開基準[2]によって大別し，異なった選択肢を与えています。

第III部　コーポレート・ファイナンス（企業金融）

　大規模な公開会社では取締役会をおく必要があります。その上で監査役会をおくか，指名・報酬・監査の3委員会をおくか，監査等委員会をおくかを選びます。それぞれ，監査役会設置会社，指名委員会等設置会社，監査等委員会設置会社と呼ばれています。2017年7月14日時点で東京証券取引所（第1部，第2部，マザーズ，JASDAQ）に上場している内国会社3,537社のうち，指名委員会等設置会社は74社（2.1％），監査等委員会設置会社は798社（22.6％）で，残り2,665社（75.3％）は監査役会設置会社です（東京証券取引所［2017]）。

18.1.2　企業統治の実際 ── 機関設計など内部の仕組み

　株式会社の取締役は，定期的に開かれる取締役会で会社の基本的な意思決定を行うとともに，業務執行状況を監督します。指名委員会等設置会社は，会社の事業を執行する役員（執行役）と，それを監督する取締役とを分離した，アメリカ型のガバナンス体制をとります。取締役の任務は執行役の監督なので，監督する側の取締役が監督される側の執行役を兼務しているのは，自分で自分を監督する形となり不自然という論理です。

　指名委員会等設置会社の取締役会は，指名委員会，報酬委員会，監査委員会の3委員会をおき，これに所属する取締役を決め，委員会メンバーは以下の任務を果たします。指名委員会は，株主総会に取締役候補者を提案します。これをもとに株主総会で取締役の選解任を議決します。報酬委員会は取締役および執行役の報酬を決めます。監査委員会は取締役会および執行役が誠実に業務を果たしているかを監査します。また，財務諸表など会計情報に関する計算書類を監査する会計監査人をおく必要があります[3]。監査委員会は社内の内部監査部門と連携を取りながら，会計監査人も対象に含めた業務執行を監査します[4]。

　これら3委員会の過半数は社外取締役です。社内取締役は，人事権を持つ社長の方が上という関係になりやすく，業務執行を行う社長等に対して適切な監督を行えない可能性があります。株主の立場に立った中立的な監督と意思決定を行わせるために，会社法は3委員会すべてで社外取締役が過半数となることを求めています。

　これまで社外の人を取締役にする慣行がなかった日本では，取締役を任せられる人材が見つからない等を理由として，制度導入後も指名委員会等設置会社

第18章　コーポレートガバナンス（企業統治）

数は少数でした。そこで，平成26年の会社法改正で3名以上の取締役から構成させる監査等委員会をおく**監査等委員会設置会社**が導入されました。監査等委員会取締役の過半数は社外取締役でなければなりませんが，指名委員会や報酬委員会を設置しなくてもよいので必要な社外取締役の数は少なくてすみます。監督と執行の分離という指名委員会等設置会社の精神を受け継いで，監査等委員会のメンバーとなった取締役は業務執行を行えません。

　日本の上場企業のうち最も多いのは，**監査役会設置会社**です。長期雇用の従業員が係長・課長・部長と出世して取締役や監査役になる，日本で伝統的な形態です。会社法は，取締役・執行役・会計参与・従業員ではない監査役を3名以上選任し，そのうち1名以上は常勤とし，また，監査役をメンバーとする監査役会の半数以上を社外監査役[5]とすることを求めています。取締役は担当事業分野を持ち，担当分野での意思決定と業務執行に責任を負うとともに，他の取締役の職務執行を監督します。指名委員会等設置会社とは違って，社外取締役以外は業務も執行する執行役取締役です。監査役は，社内の監査部門と連携しながら，取締役の業務執行も監査対象に含めた監査をします。株主総会へ提出する会計監査人の選任・解任・不再任議案は監査役会が決定します。

18.1.3　監査役の独立性

　企業統治が関心を集めた理由の1つは，1980年代のエンロン社など，投資家全体や社会に大きな悪影響を及ぼした**企業不祥事**の頻発です。エンロン社の会計監査は，監査を本業とする大手監査法人アンダーセンが担当していたにもかかわらず**粉飾決算**[6]を防げなかったばかりか，同社はコンサルタントとしてこの損失隠しに積極的に関与していたことが後ほど判明しました。会計監査人にとって監査対象企業は，監査業務に加えコンサルタント業務上も優良顧客であり，厳しい監査は行いにくいわけです。サーベンス・オクスリー（SOX）法が2002年に成立し，上場会社の内部監査体制と外部監査人の独立性が強化され，監査とコンサルタントの兼業も禁止されました。不正が行われないよう，内部・外部の監査体制が強化されたのです。日本では，会社法，公認会計士法，取引所規則などが，会計監査人，監査役の独立性に関する規定を定めています。

第Ⅲ部　コーポレート・ファイナンス（企業金融）

18.1.4　独立社外取締役

　東京証券取引所と金融庁によるコーポレートガバナンス・コード（2015年6月）が上場企業に2名以上の独立社外取締役の選任を求めました。この指針に強制力はありませんが，従わない場合はその理由の説明が求められています。2017年7月14日時点で2名以上の独立社外取締役を選任している会社数は2,398社（67.8％）です（東京証券取引所［2017］）。ここ数年の推移を示した図表18-1から，単に社外というだけでなく独立性の要件を満たす者を選任している企業数が，コーポレートガバナンス・コードの公表以後，急増していることがわかります。

　取締役が社外とみなされる基準は，会社法2条15項が定めています。取締役としての務めを果たすためには，企業経営に関する知識と経験を社外取締役も持っていることが望ましいのですが，親会社や子会社の取締役も兼任している等その会社の業務執行と利害関係にある場合は，中立的な判断が難しくなります。社外取締役が導入された理由です。

　独立性の基準は会社法にはなく，東京証券取引所の上場規程が定めています。上場会社の株主は不特定多数の投資家からなるため，規程はそうした一般株主と利害相反が生じるおそれがない，独立した取締役を求めています。具体的に

図表18-1　東証上場企業における独立社外取締役選任会社数

集計対象	2名以上の独立社外取締役を選任している会社数				社外取締役を選任している会社数			
	2014／7	2015／7	2016／7	2017／7	2014／7	2015／7	2016／7	2017／7
市場一部	390 (21.5%)	913 (48.4%)	1,566 (79.7%)	1,778 (88.0%)	1,347 (74.3%)	1,779 (94.3%)	1,943 (98.8%)	2,012 (99.6%)
全上場会社	447 (13.1%)	1,133 (32.6%)	2,119 (60.4%)	2,398 (67.8%)	2,200 (64.4%)	3,034 (87.3%)	3,358 (95.8%)	3,429 (96.9%)

注：下段（　）内は，集計対象企業数に占める割合。
出所：東京証券取引所［2017］，および過去の発表から抜粋して筆者作成。

第18章　コーポレートガバナンス（企業統治）

は，親会社や兄弟会社の業務執行者でないことの他，その会社を主要な取引先とする者・その業務執行者，また，その会社の主要な取引先・その業務執行者，その会社から役員報酬以外に多額の金銭その他の財産を得ているコンサルタント，会計専門家，法律専門家，およびこれらの近親者ではないことです。

18.1.5　企業統治の目的

　企業価値の向上がコーポレートガバナンスの本来の目的です。しかし，会社には株主や債権者の他，経営者，従業員，地域社会，取引先等々，それぞれ違った利害を持つ利害関係者（ステークホルダー）が存在します。彼らは利害を持つとともに企業活動に必要不可欠の存在でもあるため，彼らの利害も考慮した形で運営される仕組み・体制を作り上げるべきという議論も成り立ちます。とくに，社会があってこその企業という観点からは，企業の社会的責任（Corporate Social Responsibility : CSR）といった基準項目を設け，そうした観点からみてもっとも良い企業統治の仕組みを考えることも重要でしょう。本書ではこれらを扱いませんが，株主以外の視点を考慮することは，社会にとって重要な課題です。

18.2 ｜ 企業統治とコーポレート・ファイナンス

　コーポレート・ファイナンスとはどう関係しているのでしょうか。負債があると，株主や経営陣は債務不履行に陥ってその地位を失うことを避け，業務執行に励むはずです(18.2.4)。債務不履行に陥ると，事業を清算して残余財産を債権者で分け合うのか，再建を目指して事業を継続するのか，後者の場合はどの事業を継続し誰を経営者や業務執行者にするのか，非継続事業をどう処理するのか等の決定権が，債権者に移ります。負債がなければ，あるいは負債が極めて少額で債務不履行に陥る可能性がほとんどなければ，地位や決定権を失う可能性もありません。負債の存在は，企業統治に影響します。

　また，負債がない場合でも，株主間でその立場と利害が異なるとガバナンス上の問題が起こり，株主構成が重要になります(18.2.1)。広く一般の投資家から資金を集める公募増資ではなく，第三者割当増資により企業が指定する者(大

213

第III部　コーポレート・ファイナンス（企業金融）

口株主や取引先企業など）から資金を調達することを思い出してください。出資という資金調達の際に，株主構成が考慮されるのです。

18.2.1　株主構成 —— その重要性と問題点

　株式価値増加という点で利害が共通している株主の間で，利害の不一致があるとはどういうことでしょうか。また，もし仮に株主間で利害が共通していれば，株主は誰でも問題はないのでしょうか。

　会社の基本的な経営方針は，株主総会における多数決で決まります。この意思決定プロセスに関わることは，株主にとってコストがかかります。会社やその業界動向にさほど詳しくない株主が，提案された経営方針を理解・評価するには，手間や時間という費用がかかるからです。とくに，資金の少ない投資家が分散投資を行うとそれぞれの企業では小口株主になります。経営方針を理解・評価する手間や時間は投資金額に関係なく一定であるにもかかわらず，小口株主は，望ましい経営（業績向上）から得られるメリットのごく一部を享受するだけです。メリットが費用を上回らない可能性が高いのです。こうした小口株主，あるいは会社経営に関与する費用が高い株主にとっては，会社経営については無関心な態度をとり，議決権も行使せず経営は誰かに任せ，意向に沿わない経営を続ける企業の株式は売却してしまう方が合理的です。いわゆる「合理的無関心」と「ウォールストリート・ルール」です。小口株主が議決権を行使しないと，支配株主や経営者に"自分に有利な"経営や意思決定を行う誘因が生じます。何らかの対策を講じないと，企業価値ではなく，支配株主にとっての価値を最大化する（"身内"の利益を最大化する）ように企業が運営されてしまうことでしょう[7]。支配株主が自分ではなく（小口株主も含めた）株主一般の利害に沿って企業が運営されるように取りはかっており，小口株主はこれに関与しないならば小口株主は支配株主の努力にフリーライドしていることになります[8]。

　このように考えると，会社を設立し成長させてきた創業者一族が経営を引き継ぐなど，株主の中に経営にコミットする大口株主が存在し，株主の立場で企業経営に関与することは，企業統治の上，案外有効かもしれません[9]。また，彼ら（企業価値を高める経営戦略や事業計画）に反対する大口議決権者が一時的

214

に現れて企業経営を乗っ取ることを防止するためには，一時的な高値につられて乗っ取り屋に株式を売却しないような株主，現在の経営陣と経営方針の味方になってくれる安定株主を作っておく必要があるかもしれません。株主が誰か，議決権がどう分布しているかが，企業統治上，重要になる理由です。

もっとも，資金調達方法がいわゆる市場型間接金融に移行し，年金基金や投資信託など機関投資家が会社の大株主となる状況が出現した現在，経営に関与する創業家株主の株式持ち分は低下しています。こうした状況を受け，最近では機関投資家もガバナンスに参加してもらう必要性が認識され始めました。とくに，経営にコミットする意欲や能力を持つ株主が，大口株主である機関投資家以外他に存在しない場合は，その必要性が高くなります。

年金基金の運用者は受託者に対する受託者責任を負うことが，法律で明示されています。年金運用は数十年の長期間に及びます。短期的な業績変化に応じて株式の売却や購入を繰り返す[10]より，長期間保有する株式を決め，株主総会で議決権を行使するほか，大口株主として経営陣と直接対話し株式価値向上を求める方が，受益者のためになるという考え方があります。カリフォルニア州公務員退職年金基金（California Public Employee Retirement System：CalPERS，カルパース）はそうした方針で年金を運用していることで有名です。

日本では，2014年に金融庁がスチュワードシップ・コードを提示し，株式投資先企業のガバナンスに機関投資家が関与することを求めています。取締役の選解任議案に賛成したのか等，機関投資家に株主総会での議決権行使を開示することが求められています[11]。

18.2.2 ショート・ターミニズム（株主の短期的視野問題）と種類株式

ウォールストリート・ルールに従って上場株式の短期売買を繰り返す投資家は，企業の長期的な将来には関心を持たないという問題も生じます。株主の近視眼的視野，ショート・ターミズム問題と呼ばれています。そこで，保有年数が長い投資家に議決権を多く与えるなど，長期保有を促す試みがなされています。フランスでは2016年4月にフロランジュ法が施行され，2年以上保有する株主に2倍の議決権が与えられました。日本ではトヨタ自動車が2015年にAA

第III部　コーポレート・ファイナンス（企業金融）

型種類株式を発行しました。この種類株式は普通株式と議決権は同じですが，毎年0.5％ずつ配当率が引き上げられ長期保有が有利になっています[12]。

　また，議決権の過半数を譲渡制限付き（未上場）種類株式に与えている，グーグルやフェイスブックなど米国のインターネット企業があります（17.5.1）。既定の事業計画を破壊する敵対的買収者に経営権を奪われるリスクやフリーライダーを決め込む株主が増えてガバナンスが低下するリスクを軽減させ，上場株式が買い占められても当初の事業計画が維持できます。

18.2.3　債権者構成 ── その重要性と問題点

　株式と同じように，債権者が誰か，またその構成もガバナンス上重要です[13]。債権者とは，その会社に資金を貸し付けている銀行や，社債を発行している会社では社債保有者のことです。

　株式や社債の公募発行が少なく，主として銀行借入れにより企業が資金を調達してきたかつての日本では，最も借入れが多いメインバンクが重要でした[14]。銀行は，決済業務を通じて企業の資金の動き（取引相手，金額，頻度など）を自然と把握できます。これは融資を決断する際に有益な情報です。メインバンク経由の決済が大半を占め資金決済情報がメインバンクに集中する場合，メインバンクが融資の適否を判断し，協調融資する他の銀行はメインバンクの判断に従うことにすれば，複数の銀行がそれぞれ重複調査する無駄が省けます。

　メインバンクは大口株主として取締役を派遣してその企業の経営状況をモニタリングします。メインバンクが中心となって資金貸出に際して事前審査や貸出後の事後モニタリングを行うことは，会社が企業価値（債権者としての立場からは負債価値，株主としての立場からは株式価値）を高める経営につながります。会社が財務的困難に陥った場合，メインバンクは経営に介入します。不採算事業や人材のリストラなどにより事業再建が可能と見込めば「銀行管理」の下で再建し，再建は不可能と見込めば会社を清算します。

　ただ残念なことに，事業再建と債務返済の見込みが低い会社に対し，メインバンク側の都合で返済資金を貸し付けたり返済期限を延長したりすることで，会社は債務不履行を免れた例があります。いわゆるゾンビ企業です（R. カバレロ他の2008年の論文）。この背景は，1980年代のバブル期に事後的に見れば過大

第18章　コーポレートガバナンス（企業統治）

な融資により資金を得た企業が事業を拡大していたところ，土地や株式などの資産価格バブルが崩壊した1990年代になって経営不振に陥ったことです。企業業績が悪化して銀行への利払い・返済が滞る不良債権が急増した結果，銀行自身の経営が脅かされたのです（1998年の金融危機）。

ゾンビ企業は返済が滞りかけている貸付先ですから，銀行はできれば融資を打ち切って清算したいところです。しかし，担保を処分しても回収不能となった貸付金は，銀行の損失として顕在化します。損失が急増し自己資本を超えてしまうと銀行自身が債務超過となって倒産してしまうため，あえて融資を続け，損失を実現させる処理は先送りにしたのです。このように，一般事業会社を統治する主体としてのメインバンクにガバナンス問題が潜むこと，すなわち，その企業統治活動自体をガバナンスする必要性が指摘されました。

18.2.4　負債の規律付け効果

負債は外部からの資金調達です。債務不履行が生じると，それまでの内部者に代わって外部者が企業経営に関与するということが，ガバナンス上，負債に規律付け効果をもたらします。

まず，生産・販売などの事業活動や設備投資，配当などの財務活動に支障を生じさせることなく（したがって外部資金提供者から詳細を把握されることなく）経営者が自由に使えるお金を持つことを仮定します[15]。これを M. ジェンセンは1986年の論文で "フリー・キャッシュフロー" と呼びました。さらに，経営者が企業価値最大化以外を目指していると，正味現在価値は負であるが経営者個人の満足度を高める非生産的な支出に，このフリー・キャッシュフローが使われてしまうかもしれません。このようなことは，企業内部と外部の間に情報非対称性があることから生じます。しかし，負債があると利払いや償還など外部者にも「見える」お金の流れが発生し，フリー・キャッシュフローを減少させますから，企業の経営効率を高めます。ジェンセンが論じた負債による規律付け効果です。

買収対象企業の資産や将来キャッシュフローを担保にした借入金で大型買収を行う LBO（Leveraged Buyout）では，この効果が顕著に現れました。LBOを得意としたプライベート・エクイティ・ファンド，米国の KKR（Kohlberg

217

第III部　コーポレート・ファイナンス（企業金融）

Kravis Roberts & Co.）による，RJR ナビスコ社の大型買収例（1988年秋）を見てみましょう。LBO で買収された企業は多額の借入金を負います。利払いが増えて課税対象所得が減少し，税金も減って企業価値が高まります。RJR ナビスコ社では，8 億9,300万ドルの法人税が買収 2 年後には6,000万ドルに激減しました。負債による節税効果（15.2.2）が，LBO による企業価値増加の 1 つの源泉です。

　買収後に RJR ナビスコ社の経営を引き継いだ L. ガースナーは，悪名高かった社用ジェット機をすぐ売却し，欧州食品部門などを売却して得た資金とあわせて借入れを返済し，負債と利払い金額を減らしました。増収効果が疑われる「無駄」を削減したのです。LBO 実施企業の多くは，1970年代のコングロマリット化で膨らんでいた事業を見直して，事業の選択と集中を進めました。

　なお，フリー・キャッシュフローが存在しなくても，負債に規律付け効果を認める仮説があります。債務不履行が生じて破綻すれば経営者は経営者でなくなります。経営者であることから本人以外には享受できない私的利益を得ていたとしたら，それも失います。これを避けるため，負債があると経営者は無駄な支出をしないという，経営者に規律を与える効果があるという仮説です。

18.3 ｜ 資本市場からの働きかけ

　流通市場が整備されていれば，株主や債権者が将来代わってしまう可能性自体も，ガバナンスに影響を与えます。17.1.3で述べたように，株式流通市場は企業支配権を取引する場です。外部から株式時価総額が高くなる経営ではないとみなされると，敵対的買収が行われて経営者や事業運営方針が変更されます。経営者の同意がなくても変更されるため，この変更可能性そのものが，経営者に企業価値が高くなる事業運営を行わせます。日本では2000年以降は毎年1,500件を超える企業買収・合併が行われており，実際に所有者が大きく変わる企業再編が活発に行われています。

　ただし，企業価値や株式時価総額の向上は目指しておらず，企業支配権を取得し自分の利益になる経営変更を目指している濫用的な買収者も存在します。これに対処するため2000年代半ばに相次いで敵対的買収防衛策が導入されまし

第18章　コーポレートガバナンス（企業統治）

た。やがて法律をはじめとした制度整備が整ったため，2009年頃から導入した防衛策を中止する企業も増え，最近では防衛策を導入している企業数は400社ほどに低下しました（17.5.3）。中止の理由として，制度整備などの近年の環境変化を挙げるとともに，中期計画をしっかり実行して企業価値増加に努めることが最大の防衛策と述べるところが目立ちます。

18.4 ｜ 企業内組織と内部統制

　企業では，多くの人々が経営者の管理のもとで組織的に行動しています。多数の人々と分業し協働で作業する方が，1人で全てを行うより企業価値を高くできるというのが，こうした複数の人々からなる企業の存在意義です。企業内に組織が生まれ，企業としてやるべき仕事をそれぞれ適切な（企業内）組織に割り振って，全体として生産効率を高めるというのが経営者の仕事になります。組織内部でも，たとえば営業部長がこの仕事は営業第1課に，別の仕事は営業第2課にというように分担を決め，各課の課長がその構成員に仕事を指示します。望ましい組織構造や分業体制は，事業特性に依存します。

　どのような企業組織にせよ，上司が部下に業務命令を出して部下はその指示に従います。人々は，なぜ上の指示に従うのでしょうか。実際に仕事を行う人も部長・課長など仕事を割り当てて進捗を管理する人も，企業で働く従業員は，それぞれの「業務」に対して「見返り」があるから働くというのが，経済学の想定です。見返りは，直接的には給与・賃金ですが，きちんと業務をやり遂げた人へのボーナスや，より多くの権限が付随した役職への昇進，あるいは，定年までの雇用（働く機会の保証）なども含みます。もちろん，「やりがい」「達成感」など仕事を通じて得られる金銭以外のものも，見返りになります。いずれにせよ，どのようなものが見返りになり，仕事の成果とその見返りとをどう関連づけるのかが課題になります。業務委託のあり方を分析する，組織の経済学と呼ばれる研究分野です（ミルグロム／ロバーツ［1997］，菊澤［2016］など）。

　さて，企業が事業を進めるうえで法令遵守の問題が顕在化したことがあります。2000年半ばの日本で，事実と異なる事項を有価証券報告書に記載していた

219

第Ⅲ部　コーポレート・ファイナンス（企業金融）

上場企業が上場廃止になった事件がその例です。そこで，主として財務書類の作成に関する内部統制を強化すべく，法律が整備されました。2006年に成立した金融商品取引法です。同法は，財務報告に関して内部統制の体制を作り，それが有効に機能しているかを自己評価して内部統制報告書にまとめ，それを企業外部から監査する体制（内部統制監査報告書の作成）を求めています。同法による内部統制とは，以下に述べる4つの目的が達成されていることの合理的保証を得るために，業務に組み込まれ，組織内の全ての者によって遂行されるプロセスのことを指します。4つの目的とは，(1)業務の有効性および効率性，(2)財務報告の信頼性，(3)事業活動に関わる法令等の遵守，(4)資産の保全です。同法は財務報告作成をきっかけにしていますが，たとえば顧客データにアクセスできる従業員・端末を管理し，不必要な情報流出を防ぎつつ業務効率を高める工夫を行うなど，より広い事業活動をカバーしています。昔と違って，顧客住所や連絡先は社内の特定のパソコンからしか見られなくなりました。

また，三菱自動車のリコール隠しや雪印の賞味期限偽装などをきっかけに，企業の不正を外部に通報した者を保護する制度ができました。2004年制定された公益通報者保護法です。ドイツ・フォルクスワーゲンの排ガス数値の偽装，東芝の会計操作問題など，最近の不祥事の多くは企業内部者による外部通報によって発覚しています。2005年に内閣府が「公益通報者保護法に関する民間事業者向けガイドライン」を公表し，通報窓口・相談窓口の設置，内部規程の策定など，企業がその体制作りと労働者への周知をはかることを求めています。

18.4.1　経営者報酬

会社などの組織では，業務委託が必ず生じます。ここではその例として，株主が企業運営を経営者に委託するプリンシパル・エージェンシー関係をとりあげます。考え方を説明するため簡略化して，株主全体をあたかも1人の株主のように考えてこれをプリンシパルとし，複数メンバーによるチームが普通である経営執行者も，ここでは1人の経営者と見立ててエージェントとします。

経営者の報酬はどう設計すればよいでしょうか。経営者の働きぶりを株主が逐一チェックできないとき，経営報酬が定額で事業成果に依存しないならば，株主は事業成果が上がって株式時価総額が高くなることを望んでいても，経営

第18章　コーポレートガバナンス（企業統治）

者はサボってきちんと働かないでしょう。事業成果が高ければ経営者報酬も高くなるというように，業務を行うインセンティブを経営者が持てるような業績連動型の報酬契約が望ましいと考えられます。

業績連動型報酬契約は，経営者に業績変動リスクを負担させます。株主はポートフォリオを組んで分散投資すれば事業リスクを分散できます。しかし経営者は多数の企業経営を同時には受託できないため，自社の業績に基づいて決まる経営報酬の変動リスクを負担することになります。リスク回避的な経営者は，このリスクが大きければ経営業務を受託しないかもしれません。報酬変動がない定額報酬ならばリスク回避的な経営者の選好にマッチしますが，経営者にはきちんと働くインセンティブがありません。インセンティブとリスク回避との間には，こうしたトレードオフがあります。現実の業務委託関係では，両者の折衷案ともいうべき，定額報酬と業績連動型報酬とを組み合わせたものが多く用いられています。サラリーマンが月給（残業も含めると勤務時間に比例）と会社やチームの業績に応じたボーナスをもらっていることに対応します。

18.4.2　経営者交代と業績

ガバナンス機能は，経営者交代にも現れます。日本では，（代表取締役）社長が3期6年間といった所定の任期を務めたあと健康上・体力上の理由から自発的に交代する場合，取締役会長ないし取締役副会長に就任することが多いようです。これに対し，社長を退いたあと会長・副会長・相談役を含め取締役に残らないケースは，業績悪化などの責任をとる形の懲罰的な交代と考えられます。1990年に東証1部に上場していた非金融・非公益事業法人1,070社からランダムに選んだ400社，および，1991年から2006年に東証1部に上場（上場変更を含む）した非金融・非公益法人393社からランダムに選んだ100社の経営者交代について，齋藤他の2017年の論文が調べています。

図表18-2は，バブル崩壊後の1990年代，1998年の金融危機後，株式所有構造が安定した2006年以降，の対象期間3区分における経営者交代のあり方を示しています。通常交代比率が低下し懲罰的交代が上昇しています。業績をROAやROEで測り，対象企業の業績からその企業が所属する産業の業績中央値（東証・大証・名証上場企業のもの）を差し引いた「産業調整済み業績」を定義し

第III部　コーポレート・ファイナンス（企業金融）

図表18-2　経営者交代

	サンプル数 (a)	交代 (b)	退任後会長・副会長(c)	退任後その他取締役(d)	通常交代の比率 ((c+d)/b)	懲罰的交代 (e)	うち, M&Aに伴う交代	うち, 破綻に伴う交代	懲罰的交代比率 (e/a)
1990-1997	3,237	436	300	55	81%	81	(8)	(5)	2.5%
1998-2005	3,427	543	321	65	71%	157	(19)	(16)	4.6%
2006-2013	3,195	487	282	39	66%	166	(17)	(3)	5.2%

出所：齋藤／宮島／小川［2017］表9-1　経営者交代の推移より抜粋

ます。齋藤他は，この「産業調整済み業績」は通常の交代には影響しないが，これが下がると懲罰的交代が行われる確率が高まるという分析結果を得ています。とくに，ROEを用いた「産業調整済み業績」に対する懲罰的交代の感応度は，1990年代当初の8年間に比べ2006年以降の8年間は3倍近くになっており，株主の利益を直接代表する指標の重要性増加が見られます。

　日本ではこの20年間，会社とメインバンクとの関係が弱くなり，監督と業務執行との分離が進行し，機関投資家や海外投資家の持株が増加し，取締役会人数が減少し社外取締役人数が増加しました。齋藤他の論文によると，1990年代当初8年間における「産業調整済み業績（ROE）」が懲罰的交代に与える感応度は，メインバンクを持つ企業の値がメインバンクを持たない企業の値に比べて小さく，メインバンクはこの時期のガバナンス機能を低下させていました。ゾンビ企業の研究とも整合的な結果です。また，海外機関投資家持株比率は，1998年以降の8年間，および，2006年以降の8年間においてのみ，「産業調整済み業績（ROE）」の懲罰的交代に与える感応度を強めるという結果を得ています。

　残念なことに，独立社外取締役を持つ企業では，「産業調整済み業績（ROA）」が懲罰的交代に与える感応度は小さいという結果が得られ，社外取締役がお飾りである可能性を指摘しています。ただ，3人以上の独立社外取締役を持つ企業，あるいは，独立社外取締役比率が30％を超える企業では，「産業調整済み業績（ROA）」が懲罰的交代に与える感応度は大きいという結果を得ています。これらの結果は，最適な独立社外取締役の人数が企業毎に異なっている可能性や，コーポレートガバナンス・コードが要請する最低人数2名が企業によっては最

第18章　コーポレートガバナンス（企業統治）

適ではない可能性について，慎重な検討が必要なことを示唆しています。3.3.4
で紹介したデムセッツとレーンの議論を思い起こして下さい。

1　会社法上の大会社は，資本金が5億円以上，または，負債が200億円以上ある会社です。

2　会社法上の非公開会社は，会社のあらゆる株式に譲渡制限がある会社です。譲渡制限付き株式を売却する際，会社が定めた機関（たとえば取締役会など）の承認が必要です。公開会社は，少なくとも1種類は譲渡制限のない株式を発行している会社です。取引所に上場されている株式は全て譲渡制限のない株式です。

3　大会社，指名委員会等設置会社，監査等委員会設置会社では，必須です。

4　監査委員会は業務監査と会計監査を行い，その報告書を定時株主総会に提出します。取締役の職務執行が法律や会社定款を守って行われているか，適法性を監査するのが業務監査です。財務諸表などの計算書類作成を監査するのは，会計監査です。大会社は会計監査人をおかねばならず，会計監査人が監査委員会や監査役会に会計監査結果を報告します。監査委員会や監査役会は，会計監査人の会計監査執行状況も含めて監査します。

5　監査役は会社との独立性を維持するため，当該会社や関連企業の執行役や従業員を兼任できません。社外監査役とは，（監査役就任時点から過去10年間など）所定期間中に，そうした役職に従事していなかった者です。

6　粉飾決算とは，適切ではない会計処理を行って，利益が出ていないのに儲かっているかのような損益計算書などの計算書類を作成し，これに基づいて決算を行うことです。

7　住民の代表者である議員は選挙を行って多数決で選ぶ，住民には平等に選挙権（投票権）があるといった議会制民主主義制度においても，住民の多くが選挙に行かず（投票を行わず），特定の集団が自分たちだけの利害を代表する候補者を立て，選挙で票を集めて当選させてしまうと，議会で多数の利害には沿わない政策が採用されてしまうのと似ています。

8　経営者を監視し「望ましい経営」が行われるように大口株主等が取りはからうとき，彼らはコストを負担します。望ましい経営は株主全般にメリットが及びます（外部性）。小口株主は，費用を負担せず便益を得ており，フリーライド（ただ乗り）になります。

9　曾祖父など一族が創業した会社を経営していることから生じる満足感など，他の一般株主には享受できない私的利益（しばしば非金銭的なもの）が経営に関与するコストを上回ることから，創業者一族が大口株主として経営に携わることが考えられます。

10　アメリカの機関投資家も当初はウォールストリート・ルールに従って行動していましたが，運用規模が増大するとこの実行が難しくなりました。株式を証券取引所で売却すると，それが大口売却のため，自分の売却行動自体が株価を引き下げてしまうのです（マーケット・インパクト）。大口購入の場合も，自分の行動が価格を上昇させてしまいます。売買以外の方法を促すことになりました。

11　株式に投資する機関投資家が多い現状（17.3.1）では，（投資先企業のガバナンスに関わっている）機関投資家自体のガバナンスを考える必要が新たに生まれます。機関投資家は，最終的な資金提供者（機関投資家の顧客）である投資家の小口資金を，投資家本人に代わって運用しています。機関投資家の運用業務は一般企業における事業に相当し，運用という事業が業務委託者である投資家本人の望むとおり適切に行われているか，代理人である機関投資家の業務執行を確保する体制作りが必要になります。機関投資家のガバナンス体制の設計問題は本書では扱いませんが，とても重要な問題です。

12　取締役会の承認なしには売却できないという譲渡制限があり，発行後5年が経過した時点で，株主の判断により普通株式に転換するか，発行価格でトヨタ自動車に買い取りを請求するか，そのまま種

223

第III部　コーポレート・ファイナンス（企業金融）

類株式として保有し続けるか，選択できます。

13　社債，借入れにも債務不履行になった場合に生じる経営権が含まれています。このため，容易に債
権者が変わる可能性を意味する債券上場を行うのか，上場はせず債権譲渡する際に債務者の同意を求
めるかという問題は，株式固有の問題ではなく債券にも共通です。

14　銀行は，貸付金やその利息が約束どおり支払われない可能性（信用リスク）を考慮し，資金を複数
企業に貸付けてリスク分散をはかります。銀行収益（業績）が少数の貸付先企業の業績に依存してし
まう状況を避けるためです。とくに多額の資金が必要な大企業の場合，一銀行からの借入れにはなら
ず，複数の資金借入れ先が生じます。通常，このうち最も融資額が多い銀行がメインバンクとなり，
他の金融機関は，メインバンクと協調して融資します。

15　15.2でフリー・キャッシュフロー（利益から事業継続に必要な費用を全て差し引いたもの）を定義
した際は，これらの金額が明らかで情報非対称性がないと想定していました。ジェンセン [1986] は
企業の内外での情報非対称性を仮定し，内部経営者は使えるが外部者はその存在を知らないお金とい
う意味で，フリー・キャッシュフローという用語を使っています。

おわりに

　本書でビジネスとファイナンスの基本的な内容を学んだ読者に対して，以下のメッセージを送ります。

　第1は，入門書とはいえ経済学とファイナンスの先端的な成果を盛り込んだ豊富な内容を，読了したことに対して敬意を表します。あるいは本書の全てではなくても，関心のある部分について理解を新たにした読者に対しても賞賛を惜しみません。ともに，努力は必ず報われると思います。

　第2は，本書の内容を自らの骨肉とした読者には，それを大いに活用していただくことを願います。大学でこれからさらに専門的な学習に向かう場合でも，あるいはビジネスやファイナンスの実践に進んでいく場合でも，本書が説く普遍的な概念と理論の活用は必ず期待に応えるといえるでしょう。

　読者をはじめとして多くの人々に周知のように，ビジネスとファイナンスの世界は急速に発展して，変貌しています。この変化を的確に把握しながら，しかも普遍的な原理を常に携えていることの価値を強調しすぎることはありません。そのために本書が一助となれば筆者達の大きな喜びです。

2018年3月

　　　　　　　　　　　　　　　　　　　　　　　　筆 者 一 同

■ 参考文献

＜第 1 章＞

Becker, G.S. [1992], "The Economic Way of Looking at Life"
(http://www.nobelprize.org/nobel_prizes/economic-sciences/laureates/1992/becker
-lecture.pdf)

マイケル・サンデル [2011]，『これからの「正義」の話をしよう』（鬼澤忍訳）早川書房．

ミルトン，ローズ・フリードマン [1980]，『選択の自由』（西山千明訳）日本経済新聞社．

＜第 2 章＞

神田秀樹 [2015]，『会社法入門　新版』岩波書店．

＜第 3 章＞

Ahern, K.R. and A.K. Dittmar [2012], "The Changing of the Boards : The Impact on
Firm Valuation of Mandated Female Board Representation," *The Quarterly Journal
of Economics* 127(1), 137-197.

Alchian, A.A. and H. Demsetz [1972], "Production, Information Costs, and Economic
Organization," *American Economic Review* 62(5), 777-795.

Berle A.A. and G.C. Means [1932], *The Modern Corporation and Private* Property.
Routledge.（『現代株式会社と私有財産』（森杲訳）北海道大学出版会，2014年）

Coase, R.H. [1937], "The Nature of the Firm," *Economica* 4(16), 386-405.

Coase, R.H. [2000], "The Acquisition of Fisher Body by General Motors," *Journal of
Law and Economics* 43(1), 15-32.

Demsetz, H. and K. Lehn [1985], "The Structure of Corporate Ownership : Causes and
Consequences," *Journal of Political Economy* 93(6), 1155-1177.

Jensen, M. and W. Meckling [1976], "Theory of the Firm : Managerial Behavior, Agency
Costs, and Ownership Structure," *Journal of Financial Economics* 3(4), 305-360.

Klein, B., R.G. Crawford, and A.A. Alchian [1978], "Vertical Integration, Appropriable
Rents, and the Competitive Contracting Process," *Journal of Law and Economics*
21(2), 297-326.

神田秀樹 [2015]，『会社法入門　新版』岩波書店．

＜第 4 章＞

ツヴィ・ボディ，ロバート・C・マートン，デーヴィッド・L・クリートン [2011]，『現代ファ
イナンス論　原著第 2 版』（大前恵一朗訳）ピアソン桐原．

＜第 5 章＞

Akerlof, G.A. [1970], "The Market for "Lemons" : Quality Uncertainty and the Market
Mechanism," *The Quarterly Journal of Economics* 84(3), 488-500.

＜第 8 章＞

Sharpe, W.F. [1966], "Mutual fund performance," *Journal of Business* 39(1), 119-138.

参考文献

＜第9章＞

Markowitz, H.M.［1952］, "Portfolio Selection," *Journal of Finance* 7(1), 77-91.

Tobin, J.［1958］, "Liquidity Preference as Behavior Towards Risk," *Review of Economic Studies* 25(1), 65-86.

＜第10章＞

Sharpe, W.F.［1964］, "Capital asset prices : A theory of market equilibrium under conditions of risk," *Journal of Finance*, 19(3), 425-442.

Lintner, J.［1965］, "The valuation of risk assets and the selection of risky investments in stock portfolios and capital budgets," *Review of Economics and Statistics* 47(1), 13 -37.

Mossin, J.［1966］, "Equilibrium in a Capital Asset Market," *Econometrica* 34(4), 768-783.

＜第11章＞

Fukuta, Y. and H. Nakaota［2013］, "The Leading Indicator Property of the Term Spread and the Monetary Policy Factors in Japan," *Japan and the World Economy* 28(1), 85 -98.

＜第12章＞

Fama, E.［1970］, "Efficient Capital Markets : A Review of Theory and Empirical Work," *Journal of Finance* 25(2), 383-417.

Kendall, M.G.［1953］, "The Analysis of Economic Time-Series," *Journal of the Royal Statistical Society*. A. 116(1), 11-25.

＜第16章＞

花枝英樹，芹田敏夫［2008］,「日本企業の配当政策・自社株買い－サーベイ・データによる検証－」『現代ファイナンス』24, 129-160.

＜第17章＞

Zingales, L.［1994］, "The value of the voting right : a study of the Milan Stock Exchange Experience," *Review of Financial Studies* 7(1), 125-148.

Zingales, L.［1995］, "What determines the value of corporate votes?," *Quarterly Journal of Economics* 110(4), 1047-1073.

Berger, P.G. and E. Ofek［1995］, "Diversification's effect on firm value," *Journal of Financial Economics* 37(1), 39-65.

経済産業省，法務省［2005］,『企業価値・株主共同の利益の確保又は向上のための買収防衛策に関する指針』

平元達也［2002］,「事業多角化と企業価値」『現代ファイナンス』12, 31-55.

＜第18章＞

Caballero, R., T. Hoshi, and A. Kashyap［2008］, "Zombie Lending and Depressed Restructuring in Japan," *American Economic Review* 98(5), 1943-1977.

Jensen, M. [1986], "Agency Costs of Free Cash Flow, Corporate Finance, and Take-overs," *American Economic Review* 76(2), 323-329.

ポール・ミルグロム，ジョン・ロバーツ [1997]，『組織の経済学』（奥野正寛他訳）NTT 出版.

菊澤研宗 [2016]，『組織の経済学入門（改定版)』有斐閣.

齋藤卓爾，宮島英昭，小川亮 [2017]，「企業統治制度の変容と経営者の交代」宮島英昭編著『企業統治と成長戦略』第 9 章（305-334)，東洋経済新報社.

東京証券取引所[2017]，「東証上場会社における独立社外取締役の選任状況及び委員会の設置状況」，http://www.jpx.co.jp/news/1020/20160727-01.html

索　引

あ行

アグレッシブ株式 ……………………125
アノマリー……………………………17
粗株式収益率 …………………………101
安全利子率……………………………95
安定配当政策志向 ……………………185
一物一価の法則………………………93
インカム・ゲイン……………………63
インフレーション（インフレ）………54
ウォールストリート・ルール ………214
エージェンシー問題…………………29
オプション取引 ………………………145

か行

外国人投資家 …………………………202
外部資金 ………………………………166
学習曲線………………………………38
拡張オプション ………………………160
確定利付き証券………………………91
額面……………………………………97
株式 …………………………………28,91
株式会社………………………………25
株式公開買付け ………………………202
株式投資収益率………………………180
株式持ち合い …………………………202
株主構成 ………………………………201
株主の権利 ……………………………203
株主の有限責任………………………28
株主有限責任制………………………92
可変費用………………………………38
為替感応度……………………………69
為替差益………………………………70
為替先物………………………………70

為替差損………………………………70
関係特殊的投資………………………40
監査等委員会設置会社 ………………211
監査役会設置会社 ……………………211
完全資本市場 …………………………168
機会主義的行動………………………40
機関化現象 ……………………………202
期間構造………………………………130
企業価値………………………………154
企業再編………………………………193
企業支配権の市場 ……………………195
企業特殊………………………………45
企業の社会的責任（CSR）……………213
危険回避係数 …………………………105
期待収益率……………………………102
期待値…………………………………102
逆選択…………………………………81
逆淘汰…………………………………81
キャピタル・ゲイン…………………63
強効率的市場仮説 ……………………138
強制保険………………………………83
均衡……………………………………94
均衡価格理論…………………………94
金庫株…………………………………190
金融資産………………………………91
金融商品取引法 ………………………220
金融派生証券…………………………92
金利……………………………………52
クーポン………………………………62
クーポンレート………………………97
経験曲線………………………………38
契約の束………………………………36
契約の不完備性………………………40
系列……………………………………30

231

索 引

減価償却費 ……………………167
現金配当 …………………………179
現在価値……………………………60
減資 ………………………………183
顕示選好……………………………18
現物資産……………………………91
公益通報者保護法 ………………220
合資会社……………………………30
合同会社……………………………31
行動経済学…………………………17
合名会社……………………………30
功利主義……………………………19
効率的市場仮説 …………………137
効率的フロンティア ……………121
合理的な無関心 …………………214
コーポレート・ガバナンス………46
コーポレートガバナンス・コード …212
コーポレート・ファイナンス …153
コールオプション ………………145
国際基軸通貨………………………69
固定費用……………………………38
コントロール・プレミアム ……204

さ行

サーベンス・オクスリー法（SOX 法）
………………………………………46
最小分散ポートフォリオ ………120
裁定機会……………………………93
最適なリスキーポートフォリオ …121
債務不履行リスク…………………91
先物取引 …………………………143
先渡取引 …………………………143
ジェンセンのフリー・キャッシュフロー
………………………………………217
資産選択……………………………93
自社株買い ………………………188
自社株買いのシグナル効果 ……191

市場価値 …………………………154
市場の失敗…………………………82
市場ポートフォリオ ……………122
実質利子率…………………………55
私的価値 …………………………154
私的情報 ………………………29,81
資本金 ……………………………165
資本構成 …………………………165
資本資産価格モデル ……………123
資本市場線 ………………………121
資本ストック………………………89
指名委員会等設置会社 …………210
シャープ比率 ……………………104
社外取締役…………………………46
弱効率的市場仮説 ………………138
社債…………………………………28
収益…………………………………71
種類株式 …………………………203
準強効率的市場仮説 ……………138
（純粋）期待仮説 ………………134
証券選択……………………………93
消費者物価指数……………………57
情報の非対称性 …………………29,81
正味現在価値（NPV）…………156,159
正味現在価値（NPV）法 ………159
将来価値……………………………60
ショート・ターミズム問題 ……215
女性の管理職比率…………………47
所有と経営の分離 ……………44,90
信用リスク ………………………175
スクリーニング……………………82
スチュワードシップ・コード …215
ストック変数………………………89
スワップ取引 ……………………144
政府の失敗…………………………49
ゼネラル モータース（GM）－フィッ
シャー・ボディ…………………41

232

索　引

増資 ……………………………166
双方向市場……………………………43
ゾンビ企業 ……………………216

た行

貸借対照表 …………………………164
大数の法則……………………………80
多角化ディスカウント ………………201
単利……………………………………52
貯蓄……………………………………89
作るか買うか……………………………37
ディフェンシブ株式……………125
敵対的買収 ……………………202
敵対的買収防衛策 ……………205
デフレーション（デフレ）……54
デリバティブズ………………………92
倒産コスト ……………………175
投資……………………………………89
独立社外取締役 ………………212
特例有限会社……………………24
取引費用………………………………35
取引費用の経済学………………36
トレードオフ理論 …………………176

な行

内部資金 ……………………166
内部統制………………………220
内部留保………………………167
ネットワーク外部性……………42

は行

配当に関する MM 命題…………182
配当のシグナル機能……………187
配当パズル ……………………185
範囲の経済性……………………39
評判 ……………………………188
フィッシャー方程式………………56

フォワードレート ……………133
複利…………………………………52
負債 ……………………………165
負債の規律付け効果 ……………217
プットオプション ……………145
フリーキャッシュフロー（FCF）…169
プリンシパル・エージェント問題……29
フロー変数……………………………89
分割可能性……………………………71
分散投資 ……………………110
分散・標準偏差 ……………102
分離定理 ………………………122
平均総費用……………………………37
平均分散基準……………………106
平均分散フロンティア ……………112
ペッキングオーダー仮説………176
ヘッジ株式 ……………………126
法人税…………………………173
ポートフォリオ ……………75,93
ホールドアップ問題………………41
保険…………………………………78
ポジティブアルファ株式………126

ま行

満期までの期間…………………97
無裁定条件……………………………93
無差別曲線 ……………………107
名目利子率…………………………55
メインバンク …………………30,216
モジリアーニ・ミラーの理論
　（MM 理論，MM 定理）……………168
持分会社……………………………31
モラルハザード……………………82

ら行

リアルオプション ……………160
リアルオプション法 ……………160

233

利子率·················53
リスク回避度·············76
リスク分散 ·············113
リターン···············71
利回り················63
流動性················71
流動性選好仮説 ··········135

累積生産量··············39
レバレッジ効果 ··········173
レバレッジド・バイアウト（LBO）···217

わ行

割引率················61

■ 著者紹介

仁科　一彦（にしな・かずひこ）　　　　　　　　　　　　　　　序章

大阪大学名誉教授，明治学院大学名誉教授。1975年東京大学大学院経済学研究科博士課程修了。博士（経済学）。

主著：『現代ファイナンス理論入門＜第2版＞』2004　中央経済社。"Return Dynamics of Japanese Stock Index Option" 1997（共著，Japanese Economic Review，Vol. 48 No. 1）。

斉藤　都美（さいとう・くによし）　　　　　　　　　　　　第1～5章

明治学院大学経済学部准教授。2004年東京大学大学院経済学研究科博士課程単位取得退学。博士（経済学）。東京工業大学大学院社会理工学研究科助教，帝塚山大学経済学部准教授等を経て，2012年より現職。

主著："Testing for Asymmetric Information in the Automobile Insurance Market under Rate Regulation"（単著，Journal of Risk and Insurance 73(2)，2006年），"Traffic Congestion and Accident Externality: A Japan-US Comparison"（共著，The B.E. Journal of Economic Analysis and Policy (topics) 10(1)，2010年）。

大野　弘明（おおの・ひろあき）　　　　　　　　　　　　第6～13章

明治学院大学経済学部教授。2008年大阪大学大学院経済学研究科博士後期課程単位取得退学。博士（経済学）。東京国際大学准教授，明治学院大学准教授を経て2018年より現職。

主著："Incomplete Market Participation, Endogenous Endowment Risks and Welfare"（単著，Journal of Economics and Business 61(5)，2009年），"Variety Expansion, Preference Shocks, and Financial Intermediaries"（共著，Annals of Finance 12(1)，2016年）。

谷川　寧彦（たにがわ・やすひこ）　　　　　　　　　　　第14～18章

早稲田大学商学学術院教授。1983年大阪大学大学院経済学研究科博士前期課程修了。経済学修士。岡山大学助教授，大阪大学助教授，早稲田大学助教授を経て2006年より現職。

主著："On Mutual Share Holding by Corporations"（単著：『季刊理論経済学』，37巻4号，1986年），「会社法における種類株式設計の柔軟化とそのコスト」（共著：宮島英昭編著『企業統治のフロンティア』第8章，日本評論社，2008年）。

入門 ビジネス＆ファイナンス

2018年6月10日　第1版第1刷発行

著　者	仁	科	一	彦
	斉	藤	都	美
	大	野	弘	明
	谷	川	寧	彦

発行者　山　本　　　継

発行所　㈱中　央　経　済　社

発売元　㈱中央経済グループ
　　　　パ ブ リ ッ シ ン グ

〒101-0051　東京都千代田区神田神保町1-31-2
　　　　　電話 03 (3293) 3371 (編集代表)
　　　　　　　 03 (3293) 3381 (営業代表)
　　　　　http://www.chuokeizai.co.jp/
　　　　　印刷／昭和情報プロセス㈱
　　　　　製本／㈲ 井 上 製 本 所

Ⓒ 2018
Printed in Japan

＊頁の「欠落」や「順序違い」などがありましたらお取り替えいた
しますので発売元までご送付ください。(送料小社負担)
ISBN978-4-502-26361-3　C3033

JCOPY〈出版者著作権管理機構委託出版物〉本書を無断で複写複製(コピー)することは，
著作権法上の例外を除き，禁じられています。本書をコピーされる場合は事前に出版者
著作権管理機構 (JCOPY) の許諾を受けてください。
JCOPY〈http://www.jcopy.or.jp　eメール：info@jcopy.or.jp　電話：03-3513-6969〉

ベーシック＋プラス
Basic Plus

いま新しい時代を切り開く基礎力と応用力を兼ね備えた人材が求められています。このシリーズは，各学問分野の基本的な知識や標準的な考え方を学ぶことにプラスして，一人ひとりが主体的に思考し，行動できるような「学び」をサポートしています。

中央経済社